W0193879

GOLDMANN
Lesen erleben

Wenn sich der lang gehegte Kinderwunsch nicht erfüllt, ist für viele Adoption der Weg zum ersehnten Herzkind. Allerdings erwarten die zukünftigen Eltern etliche Hürden und Hindernisse, die es zu überwinden gilt. Sam Jolig, selbst glückliche Adoptivmutter, kennt das emotionale Auf und Ab auf dem Weg zu einer glücklichen Familie. In diesem besonderen Buch verbindet sie auf einmalige Weise Erfahrungsbericht mit ganz konkreten Hilfestellungen und Tipps zum Thema Adoption und begleitet so künftige Adoptiveltern von der Entscheidung zur Adoption bis zum tatsächlichen Zusammenleben mit dem Adoptivkind. Dabei liefert sie nicht nur Fakten zu den ersten Schritten, den Voraussetzungen und verschiedenen Formen der Adoption bis hin zu den Einzelheiten des Bewerbungsverfahrens, sondern gibt durch Fallgeschichten und eigene Erfahrungen wichtigen emotionalen Beistand und zahlreiche Beispiele aus der Praxis.

*Autorin*

Sam Jolig weiß seit ihrem 14. Lebensjahr, dass sie keine eigenen Kinder bekommen kann. Heute lebt sie mit zwei Adoptivkindern, ihrem Lebenspartner, Hunden und Pferden auf dem Land bei Hannover. Sie ist als Autorin tätig und engagiert sich beim Deutschen Kinderschutzbund. Bekannt wurde sie unter anderem als Adoptionshelferin in TV und Presse.

**www.sam-jolig.de**

© Anika Haneld

Sam Jolig

# Mein Weg zum Herzkind

Adoption – leichter als Sie denken

Erfahrungen einer glücklichen Adoptivmutter

GOLDMANN

Alle Ratschläge in diesem Buch wurden von der Autorin und vom Verlag sorgfältig erwogen und geprüft. Eine Garantie kann dennoch nicht übernommen werden. Eine Haftung der Autorin beziehungsweise des Verlags und seiner Beauftragten für Personen-, Sach- und Vermögensschäden ist daher ausgeschlossen.

MIX
Papier aus verantwortungsvollen Quellen
FSC® C014496
www.fsc.org

Verlagsgruppe Random House FSC-DEU-0100
Das für dieses Buch verwendete FSC®-zertifizierte Papier *Classic 95*
liefert Stora Enso, Finnland.

1. Auflage
Originalausgabe Juni 2011
Wilhelm Goldmann Verlag, München,
in der Verlagsgruppe Random House GmbH
© 2011 Wilhelm Goldmann Verlag, München,
in der Verlagsgruppe Random House GmbH
Umschlaggestaltung: Uno Werbeagentur, München
Umschlagmotiv: © Fine Pic®, München
Redaktion: Gesa Jung
Satz: Buch-Werkstatt GmbH, Bad Aibling
Druck und Bindung: GGP Media GmbH, Pößneck
KW · Herstellung: IH
Printed in Germany
ISBN 978-3-442-17261-0
www.goldmann-verlag.de

# Inhalt

# Vorwort

Eigentlich heiße ich Sandra. Den Spitznamen Sam, unter dem ich auch in der Öffentlichkeit auftrete, Bücher schreibe, oder meine künstlerischen Projekte mache, habe ich vor vielen Jahren in meiner Jugend von einem Freund verpasst bekommen. Viele Jahre, das klingt für mich selber, als wäre ich steinalt, aber mit Mitte dreißig ist sie einfach auch schon einige Jahre her – die Jugend. Besagter Freund sagte immer über mich, ich sei ziemlich tough, direkt und manchmal ganz schön frech. Irgendwie burschikos. Ein Name, den auch ein Junge tragen könnte, würde einen Teil von mir gut beschreiben und außerdem hätten die Leute, die erst nur von mir als Sam hörten und mich dann sähen, was zum Staunen. Also wurde Sam das Aushängeschild von Sandra, eine Art Schutzpanzer und Entschuldigung für viele verrückte Geschichten meines Lebens. Meine Freunde nennen mich nach wie vor Sam, aber für meine Familie bin ich doch immer Sandra geblieben. Auch wenn »Sam« inzwischen erwachsener geworden ist, der Name und seine Energie gehören immer noch zu mir. Warum ich das hier schreibe? Weil das Thema, um das es hier geht, viel mit Selbstreflektion zu tun hat: sich nicht zu verstecken und einen Schein wahren zu müssen, sein Herz zu zeigen und sein wahres Ich, mit allem, was dazu gehört. Wer sich auf Adoption einlassen möchte, muss sich zuerst einmal selbst unter die Lupe nehmen.

Viele Jahre begleitet mich das Thema Adoption nun schon – nicht zuletzt durch meine beiden tollen Kinder, Amadea, die als Säugling im Januar 2005 zu mir kam, und Tyee-Lovell, den ich nach seiner Geburt im Dezember 2007 endlich in den Armen halten durfte. Ich bin sehr dankbar für dieses große Geschenk. Als ich von meiner Unfruchtbarkeit erfuhr, hat es erst einige Zeit gedauert, bis ich ein Verständnis dafür bekam, was das für mein Leben bedeuten sollte. Ein Leben ohne Kinder aber konnte ich mir nicht vorstellen. Adoption schien eine gute Lösung für mich zu sein. Und so habe ich mich irgendwann auf den Weg gemacht. Ich wusste nicht, wie ich beginnen sollte, an wen ich mich wenden konnte und ob ich jemals Erfolg haben würde. Adoption ist ein Lebensthema und hört mit der Aufnahme eines Kindes nicht auf. Es gibt so viele Facetten und Ebenen, die erst im Laufe der Zeit auftauchen. Durch meine Hilfsangebote für Adoptiveltern und solche, die es werden wollen, höre und sehe ich eine Menge darüber, wie es Adoptiveltern, Kindern, aber auch abgebenden Müttern geht.

Ich schreibe schon länger für die Online-Plattform des VNR Verlags (vnr.de) als Adoptionsexpertin und gebe gerne Ratschläge und Unterstützung. Und auch bei meiner Serie in einer großen deutschen Tageszeitung, für die ich Leserfragen im Chat beantwortet habe, ist mir aufgefallen, wie berührend dieses Thema immer wieder ist. (Im Anhang finden Sie die wichtigsten Fragen der Leser.) Als Adoptionshelferin unterstütze ich Betroffene von allen Seiten immer wieder gerne. Ich weiß, wie viel Leid und Herzblut, wie viel Trauer und Tränen mit Adoptionen auch verbunden sind. Oft sind auf dem Weg zum Glück scheinbar nicht enden wollende Widrigkeiten zu überwinden. Durch die

Erfahrung meiner eigenen Geschichte und meinen Umgang damit auch in der Öffentlichkeit kann ich hoffentlich vielen Menschen Mut machen und zeigen, dass es sich lohnt, die Mühe auf sich zu nehmen.

Mit diesem Buch möchte ich einen Einblick gewähren in den Prozess, den ich durchlebt habe, und die Chancen, die sich mir boten. Gerne möchte ich aufzeigen, welche Schritte zu tun sind, um dem Traum vom Kinderglück durch Adoption näher zu kommen. Ich will Ihnen dabei helfen, das Prozedere der Inlandsadoption zu verstehen, um schneller erfolgreich zu sein.

Ganz besonders wichtig ist mir, allen abgebenden Müttern Danke zu sagen für ihr Vertrauen in uns Herzmütter, die wir unsere Kinder nicht selbst geboren haben. Ich finde es ausgesprochen wichtig, ein Verständnis in der Bevölkerung zu entwickeln für Frauen, die aus der Not ihre Kinder freigegeben haben, und nicht über »Rabenmütter« zu sprechen und schlecht zu urteilen. Zum einen wären wir Herzmütter keine Mütter ohne diese Frauen und zum anderen ist eine solche Entscheidung sicher keine leichtfertig getroffene und hat ihre ganz eigene Geschichte.

Bedanken möchte ich mich aber auch bei meinen Wegbegleitern und Lehrern.

Ohne meinen großartigen Buchagenten Michael Kneissler, den ich nicht mehr missen möchte, und meine Lektorin Karin Weber sowie die Redakteurin Gesa Jung wäre dieses Buch nicht das geworden, was es jetzt ist. Vielen Dank dafür!

Danke auch an meine Familie und meinen Partner! Ich weiß, dass ich immer auf sie zählen kann und dass sie fantastische Großeltern sind und ein toller Papa.

# Eine folgenschwere Diagnose

## »Nur unfruchtbar«

Ich war 14, als ich zum ersten Mal beim Frauenarzt war. Mama hatte mich hingeschickt, reine Routine. Die Sache war wenig spektakulär. Der Doktor redete nett mit mir. Ich setzte mich auf den Stuhl und spreizte die Beine. Er untersuchte mich, und tschüs. Erst am nächsten Tag stellte sich heraus, dass dieser harmlose Arztbesuch mein Leben verändern sollte.

Es war mittags, kurz vor 14 Uhr. Der Bäckerladen meiner Eltern war noch geschlossen – bei uns auf dem Dorf hatte kein Geschäft über Mittag auf –, als das Telefon klingelte und Mama abnahm. Ich stand so dicht neben ihr, dass ich die Stimme des Arztes erkennen konnte. Ich hörte Satzfetzen, sie waren nicht gerade beruhigend: »Laborwerte … gefällt mir gar nicht … sofort in die Praxis.« Mama sagte gar nichts, außer: »Wir sind gleich da.«

Dreißig Minuten später saßen wir in seinem Sprechzimmer. Er hinter dem Schreibtisch. Mama und ich davor. Der Arzt sagte etwas über schlechte Blutwerte. Ich verstand überhaupt nichts. »Habe ich Krebs?«, fragte ich. Der Arzt schwieg.

Ich hielt die Hand meiner Mama sehr fest. Ich hatte Angst. Würde ich jetzt nur noch wenig Zeit zu leben haben? Würde ich sterben müssen? Würde ich Schmerzen haben? Ich war doch noch so jung. Wollte noch so viel erleben. Hatte Träume und Wünsche. Ein lebendiger junger Mensch plötzlich dem Tod geweiht. Meine Gedanken überschlugen sich. An dem Gespräch, das meine Mutter und der Arzt nun führten, nahm ich nicht mehr teil. Ich war wie paralysiert. Ich entsinne mich, wie der Gynäkologe in unserem Beisein dann ein Telefonat mit dem Professor einer Uniklinik führte. Schnellstmöglich sollte ich dort erscheinen. Und so hieß meine erste Station dann Uniklinik Göttingen. Eine Chromosomenanalyse und diverse Untersuchungen – Blutabnahmen, Speichelproben, Abstriche, Ultraschall und einiges mehr – musste ich dort über mich ergehen lassen. Ein Familienstammbaum vor dem Hintergrund diverser Krebserkrankungen wurde erstellt und sollte Aufschluss über eine mögliche Vererbung geben. Immer wieder kroch in mir dabei die Angst hoch. Ein schönes Gefühl ist es nicht, wenn sämtliche deiner Vorfahren, die an Krebs erkrankt oder gar gestorben sind auf einer Liste zusammengetragen werden und du das Gefühl bekommst, die Nächste zu sein.

Nach etlichen Untersuchungen und Gesprächen mit Ärzten folgte die Zeit des Wartens. Ein ebenso schrecklicher Zustand – nicht zu wissen, wie es um einen steht. Hilflosigkeit und Angst machten sich immer wieder breit. In meiner Panik klammerte ich mich an meine Mutter, die mich zu all diesen Terminen begleitete. In meiner Erinnerung sehe ich weiße Kittel, in sterilen Räumen, rieche Krankenhausluft und spüre die angespannte Atmosphäre. Ich zitterte. Immer wieder musste ich mich entblößen, mich halb nackt auf diesem furchtbaren Stuhl Ärzten präsentieren, die sich an und in mir zu schaffen machten. Mein Trauma wuchs. »Sie meinen es alle gut mit dir und wollen dir helfen, mein Kind«, hörte ich meine Mutter wieder und wieder sagen. Ich hingegen hatte die Nase gestrichen voll. Ich wollte endlich wissen, was los war. Doch noch war kein Ende in Sicht. Es gab zwar manchmal nach tage- oder wochenlangem Warten eine Entwarnung, dann aber wieder Anweisungen für neue Untersuchungen, um den schlimmsten aller Befunde, KREBS, tatsächlich auszuschließen. Dann hörte ich zum ersten Mal das Wort UNFRUCHTBARKEIT, funktionelle Störung der Eierstöcke. Das klang nicht schön, wirkte aber in meiner Situation fast wie ein Befreiungsschlag. Meine letzte Station hieß dann »Endoskopie« in einer Klinik in Hildesheim. Mir wurden Gewebeproben aus dem Unterleib, genau genommen aus den Eierstöcken entnommen. Hier sollte endgültig geklärt werden, ob ich nicht doch einen Tumor, sprich bösartiges Gewebe, in mir trug. Eine Operation, die mich erneut ängstigte. Ich fühlte mich so klein und schwach und hilflos. Ich wünschte mir, dass es endlich vorbei wäre. Allein die Vorstellung der Narkose versetzte mich in große Panik. Ich befürchtete, nicht mehr aufzuwachen oder direkt nach der Operation mit der schlimmsten aller Diagnosen konfrontiert zu werden. Manchmal will man die Wahrheit einfach doch nicht hören.

Mit einem »nur unfruchtbar« bin ich schlussendlich aus dem Krankenhaus entlassen worden. Ich war glücklich leben zu dürfen. Aber realisieren konnte ich die Bedeutung meiner Unfruchtbarkeit damals noch nicht. Ich war einfach nur froh, in mein altes neues Leben zurückzukehren.

Sieben Jahre später.

Mein kleiner Bruder sollte Vater werden. Ich verstand die Welt nicht mehr. Als ich davon erfuhr, dass es meinen Bruder »erwischt« hatte, schnürte es mir das Herz ab. Warum konnte ich keine Kinder bekommen? Warum sollte er mit neunzehn ungewollt Vater werden und ich niemals Mutter? Ein Gefühl von Eifersucht und Ungerechtigkeit stieg in mir auf. Ohne Kinder wollte ich mein Leben nicht verbringen. Ich wollte auch mal eine eigene kleine Familie haben. Mein Kind lieben und begleiten, es aufwachsen sehen, bemuttern und ihm die Hand reichen auf seinem Weg. Immer mal wieder hatte ich in den letzten Jahren über meinen Befund »unfruchtbar« nachgedacht, aber mich dann in andere Projekte gestürzt. Die vielen kleinen und großen Projekte waren mir wichtig – wichtiger als die Frage nach der Familienplanung. Ich war als Fotomodel um die Welt gereist und stand für große Firmen vor der Kamera. Ich nahm Schauspielunterricht und bekam als junge Schauspielerin kleine, aber interessante Rollen in Serien und TV-Produktionen. Ich schrieb eigene Songs und veröffentlichte meine Musik. Ich verewigte mich auf gedrucktem Papier in Wort und Bild. Als mein Bruder Vater wurde, war ich aber unmittelbar konfrontiert mit dem Thema Familienzuwachs. Zu sehen, wie Leben zu wachsen beginnt, zu spüren, was es nicht nur mit der angehenden Mutter machte, sondern wie die Umwelt reagierte, konnte ich nur schwer ertragen. Ich war wütend, benahm mich abweisend allem und jedem gegenüber. Warum war mir nicht vergönnt, selbstbestimmt entscheiden zu können, wann und ob ich ein Kind bekommen würde? Ich hatte die Kontrolle über meinen Körper verloren, war in meinen Augen nicht mal eine richtige Frau. Das machte mich unendlich traurig. So flüchtete ich aus meiner Kleinstadt – weg von der Familie – mal wieder nach Hamburg, in die Arbeit. Ich flüchtete in noch mehr Projekte, in noch größere Aufgaben, in ein Leben, das für Kinder sowieso keinen Platz hatte. Dennoch, der Schmerz über meine Unfähigkeit Kinder zu bekommen ließ sich plötzlich nicht mehr verdrängen. Er war zu mächtig und er wuchs und wuchs und wuchs. Abwenden und einfach vergessen, das war keine Lösung mehr. Ich musste mich dem Thema stellen. Das Problem anschauen und dem »Monster« die Stirn bieten. Ich suchte professionelle Hilfe. Ich wollte herausfinden, was da genau bei mir los war. Und mir war klar, dass ich ohne einen guten Rat nicht aus dem »Tal der Tränen« kommen würde.

Über einen Freund aus dem Buddhistischen Zentrum Hamburg bekam ich den Tipp, mich auf eine Familienaufstellung einzulassen. Ich nahm mir ein Wochenende frei und startete diesen energetischen Exkurs. In einer Gruppe von vierzehn fremden Menschen nahm ich, zunächst recht skeptisch, Platz. Sollte ich lieber wieder gehen? Meine Unsicherheit stand mir ins Gesicht geschrieben. Letztlich machten der Therapeut und seine Assistentin aber einen sehr seriösen und professionellen Eindruck auf mich. Also blieb ich.

Die Kursteilnehmer waren bunt gemischt. Aus jeder »Schublade« etwas dabei. Die Esoterikerin genauso wie die Businessfrau. Männlein und Weiblein zwischen 24 und 60 Jahren – alle waren vertreten.

Irgendwann war ich an der Reihe. Ich musste mich überwinden und vor diesen fremden Menschen laut formulieren, was in mir für große Wut, Traurigkeit und Hilflosigkeit sorgte. »Ja, ich bin unfruchtbar. Ich empfinde mich nicht als vollwertige Frau. Ich kann keine Kinder bekommen und ich bin sehr traurig darüber!« Sätze, die mir die Kehle abschnürten, die mir die Tränen in die Augen trieben und meinen ganzen Körper erschütterten, bevor sie endlich raus waren.

Rückblickend glaube ich, dass es nicht unbedingt das gestellte Familienbild war, sondern genau diese Sätze in genau dieser Runde, die mich befreit haben. Ein großer Schritt zurück zu mir. In mein Herz. Zu einer Zufriedenheit mit mir selbst. In so einer Sitzung geht es eben auch darum loszulassen und sich zu befreien. Mir hat es sehr geholfen.

Nachdem Altes gegangen war, konnte endlich Platz für Neues entstehen. Mein Geist wurde freier, und ich wusste mehr denn je, dass ich mir Kinder in meinem Leben wünschte und dass ich mein Herz dafür auf eine neue Art öffnen wollte.

Am Ende dieses langen Prozesses, der Akzeptanz meiner Unfruchtbarkeit, war es wieder der Gynäkologe meiner Mutter, der mich auf meinen neuen Weg brachte. Bei einem Routinebesuch in seiner Praxis fragte er mich unverblümt: »Wäre eine Adoption nicht eine gute Alternative für dich, um Mutter zu werden?«

Ja, dachte ich. Warum eigentlich nicht?

## Kinderlos – nein danke!

Für die meisten Paare ist der Wunsch nach einem leiblichen Kind groß. Die Tatsache, dass sie ihr Kind nicht selbst austragen können, nichts weitergeben können, macht den Paaren zu schaffen. Sie wünschen sich, dass aus ihrer Liebe ein Kind wächst, das ihre Energien trägt. Ein Kind, das vielleicht die Augen und den Geist von Papa und die Lippen und das sonnige Gemüt von Mama hat.

Paare, die verzweifelt darüber sind, kein leibliches Kind zu bekommen, sollten sich erst einmal mit ihrer ganz persönlichen Situation auseinandersetzen und schauen, wie ihnen vielleicht doch noch geholfen werden kann.

Der Weg zu einem Facharzt ist unausweichlich. Gynäkologen mit dem Spezialgebiet der Reproduktionsmedizin sind für den Kinderwunsch die richtigen Ansprechpartner.

In Praxen für Reproduktionsmedizin werden die Paare sorgfältig untersucht: die Geschlechtsorgane auf ihre Funktionalität, die Eizellen, der Samen auf ihre Qualität und auf ihre Verträglichkeit miteinander. Der behandelnde Arzt berät die Paare individuell auf ihre Bedürfnisse abgestimmt und wird die entsprechende Behandlung in seiner Praxis durchführen können.

Häufig kommt es dann zur In-vitro-Fertilisation. Hierbei werden der Frau einige Eizellen entnommen und außerhalb ihres Körpers mit dem Samen ihres Mannes befruchtet. Später werden dann bis zu drei befruchtete Eizellen wieder in den Uterus transferiert. Nach vierzehn Tagen wird dann ein Schwangerschaftstest Aufschluss über den Erfolg geben können.

Diese Behandlungsmethode wird bei bis zu drei Versuchen anteilig von den Krankenkassen mitgetragen, aber ich empfehle immer den direkten Austausch mit den Beteiligten (Ärzte, Kasse), weil es immer mal wieder zu Variationen der Abrechnung kommen kann.

Adressen von Kinderwunsch-Kliniken finden Sie im Anhang auf Seite 158 ff.

# Den Schmerz überwinden

Erst wer den Schmerz über die eigene Unfruchtbarkeit überwunden hat, ist frei im Herzen für ein Kind fremder Eltern. Die
meisten Paare finden sich erst nach einer langen Tortur und damit verbundenen zahlreichen Arztbesuchen mit ihrem Status ab.
Doch mit der Information, auch mit medizinischer Hilfe keine
leiblichen Kinder bekommen zu können, sind viele nicht in der
Lage, das Thema einfach so abzuhaken. Meistens ist das Gefühl
der Unvollkommenheit erdrückend. Die Gedanken kreisen immer weiter um den Wunsch des eigenen Kindes. Jetzt ist es besonders wichtig sich helfen zu lassen und vor allem vor der Entscheidung, den Weg der Adoption zu gehen, im Herzen wieder
frei zu sein, frei von der Vorstellung des leiblichen Kindes, des
Kindes mit den Augen des Vaters und den Lippen der Mutter.
Dem Kind, das die eigenen Gene trägt. Ohne das Loslassen dieses Wunsches ist es schwierig, sein Herz für ein fremdes Kind
zu öffnen.

Sicherlich gilt die Regel »Die Zeit heilt alle Wunden« im Prin-
zip, dennoch unterstreiche ich noch einmal, wie wichtig es ist,
seinen Schmerz benennen zu können, damit man ihn gehen lassen kann.

Hier gibt es die unterschiedlichsten Ansätze sein Seelenheil
zu finden. Es liegt an Ihnen ganz persönlich, zu was Sie sich hin-
gezogen fühlen. Wie weit Sie gehen wollen. Wie tief Sie in die
Materie eindringen wollen.

Manchmal helfen reinigende Gespräche mit dem Partner, den
Eltern, einer guten Freundin, einem besten Freund. Das Thema

wieder und wieder zu beleuchten, und sich auch mal traurig in die Arme eines Zuhörers fallen zu lassen, kann Wunder wirken. Oder auch: sich mit einem kleinen Ritual vom Schmerz zu verabschieden – beispielsweise seine Gedanken auf einem Stück Papier zu notieren und dann symbolisch zu verbrennen.

Andere möchten ihr Herz lieber bei einem Psychologen ausschütten und sich dort professionellen Rat holen. Auch das ist ein guter Weg. Es geht eben immer um die Auseinandersetzung mit dem Thema, darum, den Mut zu haben hinzuschauen. Seine Trauer auch leben zu dürfen, damit diese Energie schwinden kann. Möglicherweise möchten Sie sich mit Gleichgesinnten austauschen. Suchen Sie sich eine Selbsthilfegruppe in Ihrer Nähe. Auch hier geht es einfach darum, sich zu öffnen und den Schmerz nicht zu verdrängen.

## Hilfe für den Seelenfrieden

Manchmal braucht ein Mensch einfach Hilfe. Hilfe, seinen Schmerz zu verarbeiten, sich verstanden und aufgefangen zu fühlen. Es ist ratsam im Kreise Gleichgesinnter einen Austausch zu führen. Wer kann die Trauer, die Wut und die Gefühle besser verstehen als ein Mensch, der Ähnliches erfahren hat?

Gute Gespräche mit dem Partner, in der Familie oder mit Freunden können dazu beitragen, dass aufgestaute Emotionen freigelassen werden. Sprechen Sie über Ihre Gedanken, bis Sie selbst an den Punkt kommen, wo Sie denken: »Jetzt ist aber mal gut.«

Wer lieber anonymer vorgehen möchte, kann sich bei einem guten Psychologen fachliche Hilfe holen und seinen Weg zum inneren Frieden dort begleiten lassen. Wichtig ist: Laufen Sie nicht weg vor dem Problem, nehmen Sie sich ernst. Schauen Sie genau hin. Was macht es so schwer? Was macht Sie so traurig? Was macht Sie so wütend?
Finden Sie Frieden! Und das müssen Sie nicht alleine tun.

Im Anhang (Seite 165 ff.) gibt es eine Liste der Websites, auf denen Sie Hilfe finden können. Schauen Sie sich die verschiedenen Pages in Ruhe an und nehmen Sie Kontakt auf. Erfragen Sie die Rahmenbedingungen und das Angebot, das Sie dort erwartet. Hören Sie auf Ihr Herz bei der Auswahl der für Sie richtigen Organisation.

# Ihr roter Faden für eine Adoption in Deutschland

## Eine Idee, und was nun?

»Adoption« stand da in großen Buchstaben auf meiner Kladde. Ich hatte mich an meinen Computer gesetzt und war fest entschlossen, meiner Idee, ein Kind zu adoptieren näher zu kommen.

Nur wie? Das wusste ich noch nicht. Wo ich suchen sollte auch nicht. Unter dem Stichwort »Adoption« fand ich viele Informationen, die mich eher abschreckten: »Keine Kinder in Deutschland«, »Reich muss man sein, wenn man adoptieren will«, »Die Wartezeiten sind unendlich« usw.

Hoffnung machten mir diese Aussagen nicht. Aufgeben wollte ich aber auch nicht, bevor ich überhaupt angefangen hatte. Ich suchte gezielt nach den richtigen Anlaufstellen. Das Heimatjugendamt (zugehöriges Jugendamt zur Wohnadresse) mit seiner Adoptionsvermittlungsstelle war ein wichtiger Hinweis. Außerdem konnte ich einige freie Träger finden, die auf Inlandsadoptionen spezialisiert waren. Hier sollte ich bei einem Erstgespräch erfahren, wie eine Inlandsadoption vonstattengeht und welche Kriterien überhaupt erfüllt sein müssen.

## Adoptionen in Deutschland 2009

3 888 Adoptionen insgesamt
2 863 Kinder aus Deutschland
(davon 2 011 Stiefelternadoptionen)
1 025 Kinder aus dem Ausland

Alter der adoptierten Kinder:
30 %  unter 3 Jahre
15 %  3–5 Jahre
15 %  6–8 Jahre
15 %  9–11 Jahre

818 Kinder und Jugendliche für eine Adoption vorgemerkt
7 139 Adoptionsbewerbungen

(Quelle: Statistisches Bundesamt 2009)

# Der Ablauf – eine erste Übersicht

Die ersten Recherchen sind getätigt: Über das Internet können Sie mit dem Suchwort »Adoption« in verschiedene Portale gelangen, um dort ein paar Informationen aufzunehmen. Natürlich können Sie sich auch eine Broschüre zum Thema, beispielsweise über die Caritas, besorgen. Aber eines steht für Sie fest: Von Herzen gern möchten Sie ein Kind adoptieren und wollen sich nun auf Ihren Weg machen.

An erster Stelle steht der Besuch bei Ihrem Heimatjugendamt, oder wahlweise bei einem freien Träger wie zum Beispiel Findefux. Es ist sinnvoll, dort ein Erstgespräch zu Ihrem Anliegen zu vereinbaren. Ein solches Gespräch kann bis zu einer Stunde dauern. Sie können dort alles erfragen, was Sie zum Thema Adoption wissen möchten. Sie werden die wichtigsten Informationen zu den erforderlichen Rahmenbedingungen erfahren und bekommen die nächsten Schritte erklärt, wenn Sie es wünschen. In der Regel nehmen sich die Sozialarbeiter genügend Zeit, um Sie zu beraten und all Ihre Fragen zu beantworten. Wahrscheinlich werden Sie auch direkt einen Fragebogen zu Ihnen und zu Ihrem »Wunschkind« mit nach Hause nehmen dürfen.

Seien Sie ruhig selbstbewusst, stellen Sie lieber eine Frage zu viel als zu wenig. Lassen Sie sich auch nicht gleich abspeisen mit Antworten wie: »Das klären wir im Verfahren.« Oder: »Für so ausführliche Informationen ist heute keine Zeit.« Bitte nehmen Sie auch abwehrende Sätze nicht allzu ernst, wie zum Beispiel: »Sie sind wahrscheinlich schon zu alt – die Altersgrenze bei Adoptionen liegt bei 40 Jahren.« Oder wenn Sie als Single auftreten: »Es dürfen nur verheiratete Paare adoptieren.« Es gibt weder ein Gesetz, das eine Altersgrenze vorgibt, noch gibt es einen Paragrafen, der besagt, dass nur verheiratete Paare adoptieren dürfen. Bleiben Sie stets freundlich, kommunikativ, interessiert und offen. Hier sitzen Menschen wie Sie und ich. Sie mögen zwar manchmal voreingenommen und festgefahren in ihren Mustern wirken, dennoch steht fest: Nur gemeinsam können Sie erfolgreich adoptieren. Sie können Ihre Prüfung als Adoptivbewerber nur bei Ihrem Heimatjugendamt absolvieren – oder eben einen freien Träger wählen. Sie können nicht einfach zu einer »fremden« Adoptionsvermittlungsstelle gehen und um Prüfung bitten. Es sei denn, Sie würden aus Ihrem Bezirk wegziehen, um gezielt den Jugendamtswechsel anzustreben. (Das kann in sehr harten Fällen, bei starker Antipathie der Parteien, durchaus mal vorkommen.)

Das alles bedeutet aber nicht, dass Sie sich klein machen müssen. Seien Sie Menschen, die sich gerne schulen lassen möchten, um gute Adoptiveltern zu werden. Begegnen Sie den Sozialarbeitern auf Augenhöhe und seien Sie authentisch. Und vergessen Sie nicht: Jeder hat mal irgendwann angefangen.

Am Ende jeder Prüfung steht ein Sozialbericht, der, wenn alles gut läuft, Ihre Tauglichkeit als Adoptiveltern dokumentiert.

Nach einem Erstgespräch haben Sie die Möglichkeit, über das Gehörte nachzudenken, sich zu besprechen, noch einmal zu reflektieren. Ausgerüstet mit den Unterlagen können Sie sich in die Materie einlesen. Oft empfehlen die Jugendämter einen sogenannten Adoptionsvorbereitungskurs oder sie bieten selbst einen Kurs an. Manchmal ist es sogar Pflicht einen solchen Kurs zu besuchen. Sträuben Sie sich bitte nicht. Aus meiner Erfahrung kann ich Ihnen sagen, dass diese Vorbereitungskurse, wenn sie gut gemacht sind (dazu kommen wir später im Kapitel »Der Vorbereitungskurs«, Seite 84 ff.) Gold wert sind.

Die nächsten Schritte Ihrer Prüfung sind eng verbunden mit Ihren zuständigen Sozialarbeitern. Mindestens ein Hausbesuch, zu dem sich zwei Sozialarbeiter zu einem längeren Gespräch bei Ihnen einfinden werden, steht an. Sie werden zeigen können, wie Sie leben, und können Ihre Vorstellungen vermitteln. Vorstellungen zu einem Kind, zu Ihrem gemeinsamen Leben und auch dem möglichen Ablauf einer Adoption. Wie offen würden Sie die Adoption Ihres Kindes halten? Dürfen Freunde und Verwandte wissen, dass Sie adoptieren? Könnten Sie sich Kontakt zur leiblichen Mutter vorstellen? Würden Sie auch ein Kleinkind bei sich aufnehmen? Und noch vieles mehr. Auf all diese Punkte werde ich im Folgenden gerne noch eingehen und Ihnen auch ein paar Ratschläge hierzu ans Herz legen.

Die Sozialarbeiter werden Sie auf Herz und Nieren prüfen. Damit sind nicht nur Ihre finanziellen Mittel und Lebensbedingungen gemeint, sondern natürlich auch Ihre Motivation und Lebenseinstellungen. Sie werden sich öffnen und einen Blick in Ihr Herz gewähren müssen, genauso wie in Ihr Zuhause. Nicht immer ein angenehmes Gefühl – das kann ich Ihnen als Adoptivmutter sagen, aber es dient der Sicherheit des Kindes. Schließlich werden Ihnen bei einer erfolgreichen Abwicklung diese Sozialarbeiter das Kind einer fremden Frau in die Arme legen. Vertrauen allein reicht in so einem Fall nicht aus. Es heißt nicht zu Unrecht: Vertrauen ist gut, Kontrolle ist besser. Haben Sie Verständnis für den Ablauf und seien Sie nicht ablehnend. Eine negative Haltung würde man sofort spüren. Erläutern Sie lieber Ihre Gefühle und Gedanken offen und ehrlich – das zeigt, wie Sie sich mit dem Thema auseinandersetzen und dass es eben nicht emotionslos an Ihnen vorüberzieht.

Nach den Hausbesuchen, dem Vorbereitungskurs und intensiven Gesprächen mit Ihren Sozialarbeitern widmen Sie sich den Unterlagen, die Sie zu Beginn zum Ausfüllen bekommen haben. Natürlich können Sie bereits parallel zu Ihrer Prüfung damit beginnen. Mein Tipp lautet allerdings: Füllen Sie den Fragebogen erst aus, wenn Sie sich schon eine Weile intensiv damit beschäftigen. Sie werden neue Perspektiven gewinnen, alte Ideen über Bord werfen und mit neuem Wissen ganz andere Antworten geben als noch zu Beginn Ihres Weges. Den Gesundheitscheck bei Ihrem Hausarzt, die amtlichen Dokumente, wie zum Beispiel das polizeiliche Führungszeugnis, können Sie selbstverständlich schnellstmöglich beantragen.

Sicherlich wird der gesamte Prüfungsvorgang Monate in Anspruch nehmen. Versuchen Sie auch hier schon, die Ruhe zu bewahren und nicht ungeduldig zu werden. Wenn dann der große Moment gekommen ist und Ihnen der Sozialbericht von Ihrem Sozialarbeiter beim zuständigen Amt vorgetragen wird, hören Sie genau hin. Diese Berichte werden selten (um genau zu sein nie) ausgehändigt, aber Sie können darauf bestehen, das Ergebnis aus Ihrer Akte mitgeteilt zu bekommen. Das sollten Sie auch tun. Hier verstecken sich manchmal, ähnlich wie bei Arbeitszeugnissen, Feinheiten, die von großer Bedeutung sein können. Auch werden Sie bei einer positiven Empfehlung wahrscheinlich daraus entnehmen können, was für ein Kind die Sozialarbeiter bei Ihnen sehen würden. Das heißt: Ob es ein Säugling sein darf oder eher ein Kleinkind, ob die Hautfarbe Ihres Kindes bei Ihnen eine besondere Rolle einnimmt oder der Kulturkreis, aus dem Ihr Kind kommt, eine Bedeutung für Sie hat etc. Diese Angaben sind also sehr individuell auf Sie als Adoptiveltern abgestimmt. Für die Wahl der richtigen Eltern eines zur Adoption freigegebenen Kindes sind das elementare Informationen. Vielleicht ergeben sich aus Ihrem Sozialbericht auch noch Fragen für Sie selbst. Scheuen Sie sich nicht nachzuhaken. Es geht um Sie und Ihre Zukunft.

Mit der Aufnahme auf die Warteliste nach einem positiven Sozialbericht ist Ihr Startschuss gegeben. Sie sind jetzt schwanger. Nun haben Sie zwei Möglichkeiten: Entweder warten Sie auf den Anruf Ihres Jugendamtes oder Sie werden aktiv und bewerben sich auch bei anderen Jugendämtern, um Ihre Chancen zu erhöhen. Wenn Ihnen jemals gesagt wurde, dass Sie dies nicht dürfen, so handelte es sich um eine Lüge. Jeder positiv geprüfte Bewerber kann sich deutschlandweit bei Adoptionsvermittlungsstellen bewerben. Ich selbst habe von dieser Möglichkeit auch erfolgreich Gebrauch gemacht. Wie Sie das am besten bewerkstelligen, erläutere ich im Kapitel »Seien Sie Unternehmer!« auf Seite 42 ff. Wichtig ist, wie bei so vielem im Leben, einen Schritt nach dem anderen zu tun. Zuerst einmal möchte ich, dass Sie den Ablauf einer Prüfung zur Adoption verstehen, um nicht blindlings umherzuirren.

## Die Rechtslage

Dies sind die Gesetzestexte, die für Sie wichtig sein könnten:

*Adoption Inland*
Adoptionsvermittlungsgesetz
Gesetz über die Vermittlung der Annahme als Kind und über das Verbot der Vermittlung von Ersatzmüttern (Adoptionsvermittlungsgesetz – AdVermiG) in der ab 1.1.2002 geltenden Fassung (BGBl. 2001, I, S. 2950)

*Adoption Ausland*
Adoptionsübereinkommens-Ausführungsgesetz
Gesetz zur Ausführung des Haager Übereinkommens vom
29. Mai 1993 über den Schutz von Kindern und die Zusammenarbeit auf dem Gebiet der internationalen Adoption
(Adoptionsübereinkommens-Ausführungsgesetz – AdÜbAG)
in der Fassung der Bekanntmachung vom 5.11.2001 (BGBl.
2001, I, S. 2950)

# Voraussetzungen für eine Adoption

Sowohl Ehepaare als auch Einzelpersonen können ein Kind adoptieren. Bei der Aufnahme eines Kindes durch ein Ehepaar muss ein Ehegatte mindestens 25 Jahre alt und der andere mindestens 21 Jahre alt sein. Bei der Aufnahme eines Kindes durch eine Einzelperson muss das 25. Lebensjahr vollendet sein. Ein Höchstalter für die Aufnahme eines Adoptivkindes schreibt das Gesetz nicht vor, es herrschen hier in der Praxis nicht ganz einheitliche Bedingungen. Es wird jedoch darauf geachtet, dass Kinder (besonders Säuglinge) zu Eltern gegeben werden, zu denen ein üblicher Eltern-Kind-Altersabstand besteht. Die Bundesarbeitsgemeinschaft der Landesjugendämter empfiehlt einen natürlichen Altersabstand zum Kind von maximal 35 bis 40 Jahren.

Es können auch Eltern, die bereits leibliche Kinder haben, ein Kind adoptieren. Hier darf eine Adoption jedoch nur dann erfolgen, wenn die Interessen sowohl der leiblichen Kinder als auch des angenommenen Kindes durch die neue Familienkonstellation nicht gefährdet werden.

Neben dem Alter der Bewerber/innen werden folgende Punkte eingehend geprüft:

- Einkommensverhältnisse
- Wohnverhältnisse
- Berufstätigkeit
- Gesundheit/Behinderung der Bewerber
- Soziales Umfeld
- Familiäre Situation: verheiratet/alleinstehend
- Vorstrafen
- Kinder in der Adoptivfamilie
- Partnerschaftliche Stabilität
- Erziehungsleitende Vorstellungen
- Lebensziele/Lebenszufriedenheit
- Einstellung zur eigenen Person/Selbstwahrnehmung
- Einstellung zur Adoption eines älteren oder behinderten Kindes

## Die sieben Schritte zum Adoptivkind

- **Bewerbung beim Jugendamt oder freien Trägern** – Hierzu schriftliche Anträge und Formulare ausfüllen und mit den entsprechenden Unterlagen versehen, die vom Amt gewünscht werden.
- **Aufnahme ins Adoptionsverfahren** – Nach der Prüfung Ihrer Eckdaten werden Sie, wenn alles gut läuft, ins Verfahren aufgenommen.

- Eignungsprüfung: Vorbereitungsseminar, mehrere Hausbesuche – Hier kann es schon mal emotional werden. Sie werden auf Herz und Nieren geprüft.
- Sozialbericht – Das Jugendamt erstellt einen Sozialbericht, der bescheinigen soll, dass Sie als Adoptiveltern geeignet sind.
- Aufnahme auf eine »Warteliste« – Jetzt heißt es Geduld haben. Warten auf ein Kind.
- Vermittlung eines Kindes – Ihr Kind zieht bei Ihnen ein.
- Adoptionspflegezeit – Die Zeit des Zusammenwachsens. Sie werden weiter begleitet von den Sozialarbeitern des Jugendamtes und können noch nicht selbstständig über Ihr Kind entscheiden. Nach dem richterlichen Vollzug der Adoption am Ende der Adoptionspflegezeit sind Sie hochoffiziell Eltern des Kindes!

Im Anhang (Seite 168 ff.) finden Sie die Kontaktadressen der Jugendämter und der freien Träger von Adoptionsvermittlungsstellen.

# Die Steine auf dem Weg zum Glück

Voller Euphorie begann ich also, meine Bewerbungsunterlagen zusammenzustellen. Ich hatte mich entschieden. Ich wollte definitiv ein Kind adoptieren, mit allem, was dazu gehörte. Ich führte Gespräche mit meinen Eltern und Freunden und kannte nur noch dieses eine Thema. Es war so ein gutes Gefühl zu wissen, dass es eine Chance für mich gab Mutter zu werden. Ich malte mir in bunten Farben ein Leben mit meinem Kind aus, plante in meinen Gedanken tolle Urlaube. Ich wusste sicher, dass mein Kind auch all meine Tiere lieben würde und bereitete mein persönliches Kinderparadies vor. Ich war in großer Vorfreude. Kaufte mir Fachlektüre – Bücher, die sich ausführlich mit dem Thema Adoption beschäftigten. Ich wollte Wissen anhäufen, mich voll und ganz einlassen auf das, was mich mit der Adoption eines Kindes erwartete. Ich besorgte mir auch Bücher, die etwas über Herkunftsfamilien erzählten. Denn mir war damals schon bewusst, dass ich ein Kind mit ganz eigenen Wurzeln bekommen würde und darauf wollte ich mich bestmöglich vorbereiten. Neben dem Sammeln der nötigen Unterlagen für das Jugendamt, wie zum Beispiel des polizeilichen Führungszeugnisses und des ärztlichen Attestes, hatte endlich unser Vorbereitungskurs begonnen. Auch wenn das für mich erst etwas befremdlich war, so konnte ich mich nun mit Gleichgesinnten und Fachleuten austauschen.

Jetzt musste ich nicht mehr wegschauen, wenn ich junge Mütter auf der Straße mit ihren Kinderwagen sah. »Vielleicht werde ich ja auch bald so spazieren gehen«, dachte ich dann.

Eine glückliche Mama sein! Klar fragt man sich, warum man sein Glück von einem Kind abhängig machen will. Und dass Kinder nicht nur Freude schenken, musste ich mir auch von meiner Mutter erklären lassen. Man gibt schließlich eine Menge dafür auf. Außerdem geht es doch am Ende um den Frieden mit sich selbst. Doch dieses große Bedürfnis nach Bemuttern, danach, Schutz und Liebe zu schenken, wie es wahrscheinlich in unseren Genen seit Urzeiten verankert ist, hatte ich eben trotz der funktionellen Störung meiner Eierstöcke in mir. Abschalten war unmöglich. Mein Herz schlägt für Kinder. Eine Weile schwebte ich also auf Wolken. Dann kam der Hausbesuch. Gehört hatte ich vorher schon eine Menge über die Besuche der Sozialarbeiter. Manche Familien empfanden die Visite als völlig natürlich und problemlos, andere wiederum hatten ihre Schwierigkeiten damit, unter den Augen des Jugendamtspersonals standhalten zu müssen. Auch ich war irgendwie hin und her gerissen. Mir war klar, dass der Hausbesuch zum Verfahren gehörte und dass die Sozialarbeiter sich natürlich ein Bild von meiner Wohn- und Lebenssituation machen mussten. Aber wonach würden sie urteilen, was war vielleicht ein Ausschlusskriterium?

Ich war sehr nervös. Gleich zwei Mitarbeiter meines Heimatjugendamtes hatten sich zu einem ausführlichen Gespräch angemeldet und wollten mein persönliches Umfeld begutachten. Dass immer zwei Personen zu einem Hausbesuch kommen, habe ich erst später richtig verstanden. So hat man als Geprüfter die Chance auf zwei Meinungen. Das Auftreten der Fachkräfte allerdings hatte etwas von guter Cop und böser Cop. Irgendwie fand ich es komisch, dass ich wildfremden Menschen mein Haus zeigen musste, nur weil ich mir wünschte, Mutter zu werden, dass ich mit ihnen über meine finanzielle Situation sprechen sollte und sie sich mit bohrenden Fragen in mein Innerstes wühlten. Ich fühlte mich wie auf dem heißen Stuhl. In ihren Gesichtern versuchte ich zu lesen, wie meine Wirkung auf sie war. Ich beschloss, stolz zu bleiben und mich nicht klein zu machen. Kommunikativ und höflich beantwortete ich Fragen über Fragen. Ihre wandernden Blicke durch mein Wohnzimmer nahm ich aus dem Augenwinkel wahr, während ich neuen Kaffee reichte oder noch ein Stück Kuchen anbot. Ich wollte perfekt sein. Aber wer ist schon perfekt? Nachdem die beiden Damen des Jugendamtes gegangen waren, kam ein beklemmendes Gefühl auf. Ich zweifelte plötzlich an mir als Mutter und fragte mich, was ich hier überhaupt tat. War ich überhaupt gut genug? War es nicht ein Zeichen, keine leiblichen Kinder zu bekommen? Sollte ich besser kinderlos bleiben? Es war nichts vorgefallen in diesem Gespräch mit den Sozialarbeiterinnen, aber die bloße Erkenntnis meiner Hilflosigkeit und Abhängigkeit von diesen Leuten verursachte ein Gefühlschaos. Die nächsten Tage und Wochen war ich ein einziger Trauerkloß. Mein Selbstbewusstsein war verloren gegangen. Mich ärgerten diese verdammten Bestimmungen und Prüfungen des Amtes. Warum konnten andere Frauen ein Kind nach dem nächsten bekommen, im schlimmsten Fall mit ihnen halb verwahrlost in einer Einzimmerwohnung hausen und ihnen kaum eine vernünftige Zukunft bieten, ohne dass sich jemand darum kümmerte? Und ich wurde durchleuchtet wie eine Schwerverbrecherin. Ich war wütend. Zum Glück gab es die Abende im Vorbereitungskurs. Gesine Schanz, unsere Leiterin, war immer einfühlsam und hatte das Talent, jeden aus der Gruppe individuell aufzufangen. Sie rückte auch mich wieder zurecht. Durch die interessanten Neuigkeiten im Kurs waren mein Wissensdrang und die Lust weiterzumachen wieder geweckt. Sie riet mir, aktiv zu sein, mich umzuschauen, welche Form der Adoption in Frage kommen würde, zu überlegen, was ich von einer Auslandsadoption halten würde, und mich weiter meinem Vorankommen zu widmen, statt zu resignieren. Die Chancen ihrer Schüler, Eltern zu werden, seien von Jahr zu Jahr gestiegen. Sie machte nicht nur mir damit Hoffnung.

An einem dieser Gruppenabende passierte etwas Seltsames. Plötzlich hatte ich das Gefühl: »Jetzt bin ich schwanger!« Ich glaubte wieder an mich als Mutter, und ich startete meine ganz persönliche »Erfolgskampagne«. Ich schrieb Bewerbungen für andere Jugendämter, arbeitete mit Bedacht an meinem Fragebogen und freute mich auf mein Kind. Mit Aktivität versuchte ich mich von den lästigen Gedanken abzubringen, was wohl wäre, wenn es nicht klappen würde. Ich konnte nicht nur dasitzen und warten. Ich wollte nicht versauern und dachte mir, sei Unternehmer – unternimm etwas! Doch manchmal brachten mich auch schon kleine Informationen aus dem Gleichgewicht. Die Wartezeit hielt wirklich ihre Tücken bereit.

Eines Tages stand da in der Zeitung etwas von einer Adoption des Bundeskanzlers und seiner vierten Frau. Ein dreijähriges russisches Mädchen durfte beim Ehepaar Schröder einziehen. Mir kochte das Blut in den Adern. Warum bekamen dieser alte Mann und seine Frau ein Kleinkind, obwohl sie nach den üblichen Regelungen eigentlich viel zu alt dafür waren? Ich wusste genau, dass diese Ämter immer über die Altersgrenze referierten und »No-Name-Paare« aufgrund der »Zahlen« nicht ins Prüfungsverfahren nahmen.

Warum ist Adoptieren oft eine Frage der Person? Warum wird mit zweierlei Maß gemessen? Wieder war ich wütend und aufgewühlt. Ich befand mich in einem Verfahren, in dem ich nicht absehen konnte, ob meine Nase den Sozialarbeitern wirklich passte.

Ich konnte noch so viel mitbringen und richtig machen, am Ende war es keine objektive Tatsachenentscheidung, sondern eine subjektive Genehmigung – oder Ablehnung. Aus heutiger Sicht glaube ich, dass damals der Samen gesät wurde für meinen

Einsatz für »normale« Familien aber auch Randgruppen bei der Adoption. Ich wollte, dass alle gleich behandelt werden und sie eine Chance bekommen, gute Eltern zu werden. Sie sollten nicht wegen ihres Alters, Familienstandes, oder was auch immer den Sozialarbeitern aus persönlichen Gründen nicht gefiel, als Adoptiveltern abgelehnt werden. Mein Kampfgeist war geweckt – eine neue Facette, die ich an mir entdeckte. Ich war wieder stark. Zu stark vielleicht. Jetzt hatte ich den Kopf gehoben und sprach mit vielen Leuten offen und ehrlich über mein Vorhaben, meine Ideen und meine Wut. Die Angst, vielleicht niemals den entscheidenden Anruf zu bekommen, behielt ich für mich. Für immer auf den Wartelisten der Jugendämter zu »verschimmeln« war mein Albtraum. Meine Befürchtung, womöglich nie Mutter werden zu dürfen, teilte ich nur mit einer einzigen Freundin. Ich wollte keine Schwäche mehr zeigen. Ich gestattete mir (fast) nur noch positive Gedanken und wenn doch mal wieder Tränen flossen, weil ich insgeheim so verzweifelt war, dann für mich ganz allein. Irgendwann habe ich mir Urlaub verordnet. Urlaub vom Thema Adoptionen. Urlaub von den Träumereien, wie mein Kind mit mir leben würde. Die ständigen Gedanken an das Kind und der Druck, der sich damit in meinem Unterbewusstsein aufbaute, sollte ausgeschaltet werden.

Immer, wenn wieder ein Gedanke zum Thema Adoption aufkeimte, visualisierte ich eine rote Ampel. Gedankenstopp. Alle Unterlagen und Bücher zur Adoption habe ich verbannt und ich versuchte, jeden Tag so zu genießen, wie er war. Auch ohne Kind. Ich ritt stundenlang mit meinem Pferd aus, führte meine Hunde Gassi und lenkte den Fokus wieder Richtung Beruf. Ich wollte wieder das Gefühl haben, ein normales Leben zu führen und nicht zu sehr einem Traum hinterherzulaufen. Ich wollte mich selbst schützen, vielleicht auch vor einer zu großen Enttäuschung, wenn der Anruf eben nie kommen würde. Irgendwie musste ich meinen Fokus umlenken, um wieder normal atmen zu können.

Wie so oft im Leben passierte es genau dann. »Lass los und dir wird gegeben.« Der alles entscheidende Anruf des Jugendamtes kam am 3. Januar 2005. Ich war überglücklich und unendlich dankbar dafür. Hätte ich nicht diesen Vorbereitungskurs besucht, wäre ich sicher nicht so schnell erfolgreich gewesen.

# Mein Weg durch den Behördendschungel

Was genau habe ich unternommen, wie wurde ich aktiv, um mein Adoptionsverfahren vielleicht ein bisschen zu beschleunigen und zu so einem glücklichen Ausgang zu führen?

Mein Sozialbericht war erstellt worden. Ich hatte ihn mir auch vortragen lassen. Nun war ich auf der Warteliste meines Heimatjugendamtes gelandet. Wann ich mit einem Kind rechnen konnte, stand in den Sternen. Doch so richtig wollte ich mich nicht damit zufriedengeben. Es musste doch einen Weg geben schneller erfolgreich zu sein. Bis dahin hatte ich nicht wirklich viel Ahnung vom Prozedere, aber genug gehört, um mich auf das »Abenteuer Behörde« weiter einzulassen.

Mit dem Finger strich ich über die Landkarte, die vor mir ausgebreitet lag. Ich war auf der Suche nach Jugendämtern in Deutschland, bei denen ich mich für eine Adoption bewerben wollte. So ganz blind nur meinen Finger entscheiden lassen wollte ich dann aber doch nicht. Ich dachte nach, nahm mir ein weißes Blatt Papier und begann Städte aufzuschreiben, von denen ich mir vorstellen konnte sie zu besuchen, um dort das jeweilige Jugendamt zu kontaktieren. Ich suchte mir Orte, mit denen ich etwas verbinden konnte. Eine Stadt, in der ich schon mal gelebt hatte. Ein anderer Ort, an dem ich Freunde hatte. Plätze, die mir gefielen, wurden zum Entscheidungsfaktor für die Stadt. Natürlich wollte ich auch nicht gleich ans andere Ende von Deutschland reisen, und so blieb ich in einem gewissen Radius um mein Zuhause. Ein, zwei weitere Entfernungen nahm ich wegen meiner Verbundenheit zu bestimmten Orten in Kauf. Mein Eifer war geweckt. Ich wollte mir eine Liste erstellen mit den Städten und Ortschaften, die ich ausgewählt hatte, um mir dann über die Auskunft die Nummer der jeweiligen Adoptionsvermittlungsstelle geben zu lassen. So ganz unangekündigt wollte ich dann doch nicht losmarschieren. Und meine Liste wurde lang und länger. Dann griff ich zum Hörer und startete meine Telefonakquise. Ein wenig nervös wegen der bevorstehenden Gespräche tippte ich die erste Nummer. Einen kleinen Text hatte ich mir zurechtgelegt. Mir war also klar, was ich der Person am anderen Ende der Leitung vermitteln wollte. Dass ich auch eine Abfuhr ernten konnte, ließ ich in meinen Gedanken nicht zu. Mit meiner freundlichsten Telefonstimme begrüßte ich die Dame vom Amt. Ich erklärte ihr mein Anliegen und wurde in wenigen Sekunden von ihr abgewürgt. »Wir nehmen keine Bewerber von außerhalb, und Kinder haben wir seit Jahren schon nur wenige in der Vermittlung. Wir können nicht mal unsere eigenen Bewerber zu Eltern machen. Einen schönen Tag noch und auf Wiederhören.« Das hatte gesessen. Von einem Moment auf den anderen war meine Euphorie im Keller. Ich starrte auf meine Liste und beschloss, sofort die nächste Nummer zu wählen, bevor sich Resignation breitmachen konnte. Ich musste es irgendwie schaffen, meinen Gesprächspartner länger in der Leitung zu halten, um ihn von mir zu überzeugen. Aber wie? Und ich brauchte Argumente. Die Tatsache, dass erst die eigenen Bewerber, also die, die im Bezirk des Amtes wohnten, ein Kind bekommen sollten, galt es auch zu entkräften. Ich erinnerte mich an eine Geschichte aus dem Vorbereitungskurs. Da legte die abgebende Mutter besonders viel Wert auf eine Vermittlung in eine entferntere Region. Sie wollte ihrem Kind nicht zufällig über den Weg laufen. Sie wollte die Adoptiveltern kennenlernen, aber sie im eigenen Ort nicht ständig um sich haben. Ich hatte mein erstes Argument. Außerdem erinnerte ich mich weiter, dass die abgebenden Mütter Wünsche äußern konnten. Sie dürfen letztlich bestimmen, in welche Hände sie ihr Kind legen. Wenn nun also eine Beschreibung auf keinen Bewerber der vorhandenen Liste passte – so passte die Beschreibung vielleicht auf mich. Und so kreierte ich mir nach und nach eine Argumentationskette aus allem Gelernten. Ich wollte mich nicht noch einmal abwimmeln lassen und ich wollte zeigen, wie sehr ich mich mit der Materie befasst hatte, wie geeignet ich war.

Die nächsten Gespräche verliefen gut. Nicht perfekt. Aber gut. Meine Quote war nach oben geschnellt, und ich durfte an fünf Jugendämter Bewerbungsmappen schicken. So war der Plan. Durch den Erstkontakt am Telefon hatten die Sozialarbeiter meinen Namen bereits gehört. Jetzt musste ich recht zeitnah meine Post mit der selbstgebastelten Bewerbungsmappe losschicken. Die Mappe transportierte viele meiner Gedanken, Vorstellungen zum Kind, die Form der Adoption, die ich wählen würde, mein Profil und viele bunte Bilder, die dem Betrachter zeigen sollten, wer ich bin.

In wenigen Tagen hatte ich die Post auf ihren Weg gebracht. Auf meiner Liste notierte ich mir die wesentlichen Fakten: Datum des Anrufs, Kontaktperson, Zusage der Sendung meiner Bewerbermappe und Absendedatum. Die Absagen strich ich aus und behielt sie mir für einen späteren Zeitpunkt zum Nachfassen vor. Denn bei sofortigen Absagen am Telefon lautete mein Abschlusssatz gerne: »Vielleicht komme ich zu einem späteren Zeitpunkt noch mal auf Sie zu. Man weiß ja nie, wie sich die Gegebenheiten ändern. Danke und einen schönen Tag.« Anders bei den Jugendämtern die meine Post erhielten. Ich ließ etwa vier Tage verstreichen und tätigte erneute Anrufe bei diesen Ämtern. Ich fasste nach. Erkundigte mich, ob alles angekommen sei, und wünschte Freude beim Stöbern in meiner Akte. Ich teilte auch gleich mit, dass ich gerne in ein, zwei Wochen nachfragen würde, ob es zu einem persönlichen Kennenlernen im Amt kommen kann. Ich wollte freundlich sicherstellen, dass mein Name den Sozialarbeitern im Kopf blieb. Der schmale Grat zwischen Aufdringlichkeit und Engagement war nicht immer einfach einzuhalten. Wenn die Ungeduld wächst und der Herzenswunsch so groß ist, fehlt manchmal der nötige Abstand. Ich glaube aber, alles in allem bin ich nicht zu aufdringlich gewesen. Genau richtig, um am Ende fünf Jugendämter persönlich aufsuchen zu dürfen.

Die Gespräche mit den Sozialarbeitern waren sehr informativ und haben mich wieder ein Stück weitergebracht. Ich durfte zeigen, wer ich bin, und stand von da an auf fünf verschiedenen Wartelisten.

Doch das hieß für mich noch lange nicht, dass ich ausruhen konnte. Kontakte wollen gepflegt werden. Situationsbedingt nahm ich immer wieder Kontakt zu den Sozialarbeitern auf. So schrieb ich beispielsweise aus einem Ostseeurlaub kleine Postkarten mit netten Grüßen. Oder ich nutzte Feiertage zum Ausrichten guter Wünsche. »Frohe Weihnachten« stand dann einfach auf meiner Karte an die Sozialarbeiter. Ich hatte auf meiner Adoptionsarbeitsliste meine Notizen zu einzelnen Telefonaten gemacht. Mir war wichtig, Ordnung in meinem System zu behalten. Natürlich notierte ich mir die jeweiligen Daten, Namen des Gesprächspartners und die Inhalte. In wöchentlichen Abständen klingelte ich bei den verschiedenen Sozialarbeitern an und erkundigte mich, ob sich etwas tat. Oder ich nahm Themen wieder auf, die wir vorher schon angerissen hatten. Zwischendurch war es mir aber wichtig, den Kopf auch mal auszuschalten. Das Thema Adoptionsakquise ruhen zu lassen und den Druck rauszunehmen. Die richtige Dosierung macht es. Die Sozialarbeiter zu nerven, ist auch nicht der richtige Weg. »Gebt Frau Jolig endlich ein Kind – die nervt« wird wohl eher nicht den Impuls zu einer Vermittlung geben. Aber ich bin fest davon überzeugt, dass ein anständiges Engagement die Adoption beschleunigt.

Rein logisch: Auf *einer* Liste zu stehen und zu warten, oder auf *fünf* Listen zu stehen und sich immer wieder interessiert zu zeigen, macht in der Regel eine Menge aus. Glückstreffer mal ausgenommen.

## Seien Sie Unternehmer!

Wenn Sie die Prüfung durch Ihr Heimatjugendamt mit einem positiven Sozialbericht abgeschlossen haben, müssen Sie nicht passiv warten, bis endlich der ersehnte Anruf kommt. Sie können aktiv daran mitwirken, dass sich Ihre Chancen erhöhen und sich bei weiteren Jugendämtern bewerben, wie ich das getan habe.

Am besten starten Sie mit dem Basteln einer Bewerbungsmappe. Die Mappe allein kann schon Ihre Kreativität transportieren und darf ruhig ausgefallen und auffällig sein. Sie kann aber auch dem Motto »simple is best« folgen. Es ist ganz allein Ihre Entscheidung, wie Sie sich präsentieren wollen. Lassen Sie sich in den Schaffensprozess fallen. Wählen Sie Farben, Form und was auch immer für Sie zu einer guten Mappe gehört in Ruhe aus. Sie können durch das aktive Arbeiten am Thema Adoption Ihre Aufregung und Ihre Ungeduld ein wenig umlenken und Sie können Ihrem Kind schon ein Stück Liebe mit auf den Weg schicken. Vielleicht heben Sie als Erinnerung sogar eine Mappe auf. Schließlich ist darin alles dokumentiert, Ihre Wünsche, Ihre Vorstellungen zu einem Kind. Sie zeigen, wie Sie leben und werden mit schönen Bildern auch ein Stück Erinnerung an Ihre besondere »Schwangerschaft« behalten. Oder später gar einmal Ihrem Kind zeigen können, wie Sie sich auf den Weg gemacht haben, Ihr Kind zu finden, oder besser gefunden zu werden.

Und bedenken Sie auch: Wenn Sie Kontakt zu den Jugendämtern aufnehmen, können Sie sich immer auf Ihre Mappe berufen. Ihren ganz individuellen Stil. Die Sozialarbeiter haben dann Ihr persönliches Erkennungszeichen im Haus.

Aber eines sei gesagt: Auf den Inhalt kommt es an! So, wie Sie es bereits von Ihrem Bewerberbogen des Heimatjugendamtes kennen, wünschen sich die anderen Ämter auch aussagekräftige Informationen über Sie. Nehmen Sie Ihren Lebensbericht und schreiben Sie die wichtigsten Fragen und Antworten für eine Bewerbung auf.

Bebildern Sie die Texte gerne. Oder fügen Sie Ihren Unterlagen eine kleine Fotostrecke bei. Bilder machen Ihre Bewerbung lebendiger und wecken Emotionen.

Die Fragen, die Sie in Ihrer Bewerbungsmappe beantworten, könnten folgende sein:

1. Wie stellen Sie sich Ihr Kind vor? Welche Wünsche haben Sie? (Alter, Geschwister, Herkunftsfamilie, Behinderung etc.)
2. Welche Form der Adoption können Sie sich vorstellen?
3. Wie stellen Sie sich das Leben mit einem Kind vor?
4. Können Sie sich auch ein Kind einer fremden Kultur oder ein farbiges Kind vorstellen?

Außerdem sollten Informationen zu Ihrem Zuhause, den Familienmitgliedern und Haustieren sowie Ihre Kontaktdaten nicht fehlen.

Was auch immer Ihnen noch wichtig erscheint, nehmen Sie es auf. Sie müssen aber auch keine 20-seitige Bewerbung basteln. Zu viel zu lesen kann auch abschreckend auf die Sozialarbeiter wirken. Dennoch sollten Ihre Bewerbungsunterlagen ausführlich genug und mit gutem Fachwissen versehen sein.

Haben Sie Ihre Bewerbungsunterlagen also zusammengestellt, machen Sie sich eine Tabelle. Diese Tabelle wird Ihre Adoptionsarbeitsvorlage. In den nächsten Tagen, Wochen und vielleicht

Monaten notieren Sie sich alle wichtigen Informationen zum Thema Adoption und Ihrer Akquise.

Folgende Felder sollten in Ihrer Tabelle aufgeführt sein:

Datum, Stadt/Ort, Name und Rufnummer, Grund des Anrufs, Zusage/Absage.

Bevor Sie mit Ihrer Telefonakquise beginnen, suchen Sie sich Ihre ganz persönlichen Städte und Orte aus. Vielleicht verbindet Sie mit dem einen oder anderen Ort eine Geschichte. Vielleicht leben gute Freunde in einer Stadt, in der Sie sich bewerben möchten. Vielleicht hat es Sie schon lange an einen besonderen Ort gezogen, und Sie nehmen dies zum Anlass einer Kontaktaufnahme dort. Solche Gründe sind wunderbar für den Einstieg in ein Gespräch beim jeweiligen Jugendamt. Erzählen Sie dann, warum Sie ausgerechnet dort anrufen.

Die Telefonnummern der zuständigen Adoptionsvermittlungsstellen können Sie über die Auskunft oder das Internet in Erfahrung bringen. Natürlich finden Sie auch eine Liste im Anhang des Buches auf Seite 168 ff. Notieren Sie sich alle Details in Ihrer Tabelle. Dann kann es losgehen. Das kleine Intro mit dem Sie Ihr Anliegen starten, sollten Sie sich vorher wohl überlegen. Ihr Ziel muss sein, Ihre Bewerbungsmappe versenden zu dürfen. Halten Sie Argumente bereit, die gegen Ihre Ablehnung als Bewerber von außerhalb sprechen könnten. Wie zum Beispiel: »Manche abgebenden Mütter wünschen sich ja auch Adoptiveltern aus einem anderen Landkreis.« Sprechen Sie von Ihrer guten Vorbereitung, lassen Sie Fachwissen blitzen. Oder bitten Sie darum, wenigstens Ihre Bewerbung senden zu dürfen. Oft transportiert eine gute Mappe dann Ihre Kompetenz und ist somit Ihr Türöffner zum zweiten Schritt.

Bei Jugendämtern, die in Ihrer Nähe sind, können Sie vereinbaren, die Unterlagen persönlich abzugeben. Damit hätten Sie die Chance auf ein kurzes, aber persönliches Treffen. Diese Sekunden können entscheidend sein.

Nachdem Sie zwei bis fünf erfolgreiche Gespräche geführt haben, schicken Sie Ihre vorbereiteten Bewerbungsmappen an die jeweiligen Ämter. Die Vorgänge notieren Sie natürlich auf Ihrer Liste. Zu wissen, wann und mit wem Sie welche Gespräche geführt haben, ist wichtig. Vor allem, wenn Sie sich an mehr als zwei Jugendämter wenden.

Eine knappe Woche nach Aussendung der Post können Sie erneut telefonischen Kontakt aufnehmen. Sie erkundigen sich nach dem Erhalt der Bewerbungsmappe und versuchen, ein kurzes, lockeres Gespräch mit dem Sozialarbeiter zu führen. Dadurch können Sie Ihren Namen wieder in Erinnerung bringen und sich weiter als Adoptivbewerber etablieren.

Nachdem Ihre Bewerbung gelesen wurde, ist Ihr nächster Schritt ein persönliches Vorstellen. Sie sollten es schaffen, einen Gesprächstermin im jeweiligen Jugendamt zu bekommen. Lehnt man Sie ab, seien Sie nicht traurig. Nehmen Sie sich einfach Ihre Liste wieder vor und suchen Sie sich Ersatz. Starten Sie neue Telefonkontakte.

Für Ihre persönlichen Besuche im Jugendamt nehmen Sie sich ausreichend Zeit. Kleiden Sie sich angemessen und seien Sie offen und höflich. Über die Kommunikation mit den Sozialarbeitern wird die Entscheidung für oder gegen Sie als Bewerber fallen. Wenn Sie es schon zu einem persönlichen Vorstellungsgespräch geschafft haben, ist eine große Hürde bereits überwunden. Stehen Sie nun erfolgreich auf ein paar

Bewerberlisten, haben Sie Ihre Chancen auf ein Kind schon erhöht.

Verzeichnen Sie die Ergebnisse in Ihrer Tabelle und pflegen Sie Ihre Kontakte nun. Ihre Arbeitsliste zeigt Ihnen dann nicht nur, wie organisiert Sie vorgegangen sind, Sie werden so auch immer Ihren genauen Status ablesen können und es entstehen keine unangenehmen Verwechslungen. Sie müssen den Sozialarbeitern auch nicht als Erstes von Ihren diversen Aufnahmen bei anderen Ämtern berichten. Es ist nicht verboten sich anderweitig zu bewerben. Sie sollten bei einer direkten Frage aber auch nicht lügen. Meistens wird es nicht gerne gesehen, wenn man bei zu vielen Adoptionsvermittlungsstellen gleichzeitig geführt wird. Ich rate Ihnen auch, es bei maximal fünf parallelen Anfragen zu belassen. Es kann sonst durchaus mal zu Überschneidungen kommen, und das sieht wirklich kein Beteiligter gerne.

Pflegen Sie den Draht zu Ihren Sozialarbeitern. Das kann über eine Postkarte mit Grüßen sein. Sie können auch in regelmäßigen Abständen telefonisch nach Neuigkeiten fragen, oder Sie schauen auf einen kurzen Besuch mal beim Amt vorbei. Dabei müssen Sie selbst ein Gespür für Ihre Sozialarbeiter bekommen. Entscheiden Sie aus Ihrem Gefühl heraus, wann ein erneutes In-Erinnerung-Bringen an der Reihe ist.

Informieren Sie Ihre Jugendämter bei gravierenden Änderungen in Ihrem Leben. Stellen Sie möglichst sicher, dass Ihre Erreichbarkeit immer gewährleistet ist. Haben Sie eine Mobilfunknummer? Hinterlassen Sie dann nicht nur Ihre Festnetznummer beim Jugendamt. Kinder warten nicht mit ihrer Ankunft, bis Sie Feierabend haben. Manchmal geht es ganz plötzlich, und der entscheidende Anruf geht bei Ihnen ein.

Wenn Sie den Anruf mit der frohen Botschaft tatsächlich erhalten haben, informieren Sie, kurz nachdem das Kind bei Ihnen eingezogen ist, die anderen Jugendämter auf Ihrer Liste. Man wird es Ihnen danken. Für die Sozialarbeiter ist es wichtig, Ihre eigenen Daten auf dem Laufenden zu halten, damit einer abgebenden Mutter nicht Bewerber vorgestellt werden, die bereits ein Kind bekommen haben. Und sollten Sie mal ein Geschwisterkind aufnehmen wollen, wissen die Sozialarbeiter, wie sorgfältig Sie vorgegangen sind und nehmen Sie bestimmt wieder gerne auf.

## Das Wichtigste in Kürze

- Basteln einer Bewerbungsmappe. Die Mappe sollte Ihre Vorstellungen zum Kind, Ihre Wünsche und Möglichkeiten transportieren. Angereichert mit schönen Bildern, die Sie und Ihre Familie zeigen, können Sie die Mappe nach Ihrem persönlichen Geschmack gestalten.
- Erstellen einer Tabelle mit allen Informationen für Ihre Telefonakquise: Kontaktperson, Telefonnummer, Datum, Uhrzeit, Gesprächsnotiz. So werden Sie bei der Kontaktaufnahme mit diversen Jugendämtern nicht durcheinanderkommen.
- Versendung der Bewerbungsmappe an die Jugendämter, denen Sie Ihre Unterlagen schicken dürfen. Sie können Ihre Mappe auch persönlich abgeben, das sollten Sie aber vorher erfragen, um niemanden zu bedrängen. Eine Notiz in Ihrer Tabelle über den Vorgang sollten Sie vornehmen.

- Nachfassen. Telefonisch werden Sie sich nach einer guten Woche erkundigen können, ob Ihre Mappe bereits angekommen ist. Noch ein paar Tage später können Sie wieder erfragen, ob Sie für ein persönliches Gespräch ins Jugendamt kommen können.
- Vorstellungsgespräch – falls Sie die Chance auf ein persönliches Kennenlernen im Jugendamt bekommen. Bleiben Sie ruhig, möglichst natürlich und punkten Sie mit Ihrem Wissen.
- Kontaktpflege. Wenn Sie es geschafft haben, auf der Liste des ein oder anderen Jugendamtes zu landen, pflegen Sie Ihre Kontakte. Nicht zu aufdringlich, aber mit dem nötigen Interesse an Ihrem Vorankommen.
- Der Anruf. Bleiben Sie erreichbar für Ihre Sozialarbeiter.

# Die größten Angstmacher
# und Lügen über Adoptionen

## »Mit 40 ist man zu alt für ein Kind.«

Für viele ist der Gang zum Jugendamt ein letzter Versuch, die Chance auf ein Leben als Familie zu bekommen – möglicherweise nach der Einnahme von Hormonen, nach ziemlich unromantischem zielgerichteten Geschlechtsverkehr mit dem Partner, um in der richtigen Phase den größten Erfolg erzielen zu können, der sich dann leider doch nicht einstellte, nach etlichen gescheiterten In-vitro-Fertilisationen und emotionalen Tiefpunkten. Bis irgendwann nur noch die Möglichkeit der Adoption blieb. Meistens jedoch ist für den langen Weg der Erkenntnis schon viel Zeit verloren gegangen – Lebensjahre, die plötzlich eine wichtige Rolle spielen.

Es gibt in den vielen verschiedenen Jugendämtern dieses Landes die unterschiedlichsten Meinungen zum Thema Altersgrenze. Leider aber hören Paare viel zu schnell und zu oft, sie seien zu alt. Und das vielleicht mit gerade mal 40. Ich persönlich finde nicht, dass Jugendlichkeit und die Tauglichkeit als Eltern an einer Zahl bemessen werden können. Es gibt Menschen, die würden mit 30 ihrem Kind nicht auf Knien hinterherrutschen und wieder andere bringen ihren Kids mit 50 das Seilspringen bei. Ihnen aber sei versichert: Sie brauchen sich von einem nicht vorhandenen Gesetz nicht abschrecken lassen. Grundsätzlich soll geschaut werden, dass der Altersunterschied zwischen Kind und Mutter/Eltern nicht dem Abstand einer Großmutter zu ihrem Enkelkind entspricht. Und ich finde, dass auch Klein- und Heimkinder, die meistens etwas älter sind, eine Chance auf ein Zuhause haben sollten. Und da sind nicht immer blutjunge Eltern gefragt.

## »Singles und gleichgeschlechtliche Paare dürfen nicht adoptieren.«

Dass Sie mit großen Augen angesehen werden, wenn Sie sich als Single bemühen, ein Kind zu adoptieren, steht schon mal fest. Nicht nur Freunde und Bekannte werden Sie fragen, wie Sie sich das vorstellen. Auch seitens des Amtes, der Sozialarbeiter müssen Sie sich auf viele Fragen einstellen. Es sei Ihnen aber bestätigt: Es gibt auch hier kein Gesetz, das Ihnen eine Adoption untersagt. Eine Adoption gleichgeschlechtlicher Paare wird als Singleadoption gewertet. Ein neues Gesetz, das ein »Nachziehen« (späteres nachträgliches Adoptieren) des Lebenspartners einer eingetragenen Lebensgemeinschaft möglich macht, ist bereits in der Abschlussphase.

Stimmen die Rahmenbedingungen bei Ihnen als Single, sollten die Sozialarbeiter ein ganz normales Prüfungsverfahren anwenden. Manchmal sprechen Sozialarbeiter von »Kann- und Muss-

Bestimmungen«. Sie möchten damit bestimmte Adoptionskon-
stellationen bereits im Keim ersticken und dokumentieren, dass sie
die Prüfung nicht vornehmen wollen. Bestehen Sie auf Ihr Recht,
freundlich, aber bestimmt, und fragen Sie nach einem Gesetz, das
dieses Verhalten rechtfertigt. Denn die unterschiedliche Handha-
bung bestimmter Fälle bei den Ämtern werden Sie immer wieder
finden. Aber es gibt nun mal ein Gesetz, das eine klare Aussage
beinhaltet. Ihr Wissen darüber ist manchmal gefragt. Sagen Sie
bei einer ablehnenden Haltung Ihres Gegenübers, dass Ihnen kein
Gesetz bekannt sei, das Sie vom Verfahren ausschließe, weil Sie
als Single adoptieren wollen oder mit Ihrem gleichgeschlechtlichen Partner das Adoptionsverfahren anstreben. Seien Sie selbstbewusst und konzentrieren Sie sich lieber auf die Inhalte.

## »Adoptieren dauert eine Ewigkeit.«

Faktor Zeit. Natürlich wissen Sie nie, wann es so weit ist, wann
Ihr Kind kommt. Schließlich sind Sie nicht schwanger – im Sinne von: In neun Monaten steht der Geburtstermin an. Im besten
Fall können Ihre Sozialarbeiter Ihnen kleine Informationen zukommen lassen über die Chancen, die man Ihnen als Eltern ein-
räumt. In seltenen Fällen kann die leibliche Mutter zum Ende
der Schwangerschaft begleitet werden, und es gibt sogar Fälle,
da konnte die annehmende Seite (sprich die Adoptiveltern) bei
der Entbindung ihres Babys dabei sein. Dennoch: Grundsätzlich
ist Verschwiegenheit, um keine falschen Hoffnungen zu wecken,
ein wichtiges Kriterium für die Sozialarbeiter in der Arbeit mit

den neuen Eltern. Es gibt Möglichkeiten, sich die Zeit des Wartens zu verschönern oder einfach seinen Fokus umzulenken, um nicht das Gefühl der Stagnation des Verfahrens zu haben. Man kann als Adoptivbewerber aber auch aktiv an seinem Glück feilen und damit manchmal auch die Wartedauer verkürzen. Allein sich nicht nur bei einem Jugendamt auf einer Warteliste wiederzufinden, sondern sich gezielt bei anderen Jugendämtern zu bewerben, gibt einem das Gefühl erhöhter Chancen. Manchmal dauert es nur wenige Monate, und Sie bekommen den ersehnten Anruf, manchmal kann es Jahre dauern. Grundsätzlich ist es sinnvoll, sich inklusive des Prüfungsverfahrens ruhig bis zu zwei Jahre zuzugestehen. Die Freude über eine schnellere Vermittlung ist dann umso schöner und sicher besser, als wenn Sie über Ihre Deadline hinweg warten und warten. Versuchen Sie auch Ihrer Vorfreude Platz einzuräumen. Genießen Sie den Weg, am Ende zählt schließlich das Ergebnis. Wenn Sie erst mal Ihr Kind in den Armen halten, ist sowieso jede Wartezeit vergessen.

## »Es gibt keine Kinder in Deutschland.«

»Wir haben sowieso keine Kinder zu vermitteln!« Ein Satz, den angehende Eltern immer wieder bei ihren Heimatjugendämtern hören. Ein Satz, der auch in den Medien immer wieder seine Runde macht. Es würde in Deutschland keine Kinder und schon gar keine Säuglinge zur Vermittlung geben. Aussagen, die ich so nicht bestätigen kann. Gerade in der Region, aus der ich komme, gibt es eine recht hohe Erfolgsrate der Säuglingsadoptionen, wie ich aus eigener Erfahrung weiß: Im Jahr 2010 waren das in Niedersachsen alleine um die 60 Babys. Natürlich ist diese Quote auch auf die gute Arbeit der Sozialarbeiter bzw. die Vorbereitungskurse bei Frau Gesine Schanz zurückzuführen. Dazu komme ich im Kapitel »Der Vorbereitungskurs« gesondert, um auch Ihre Erfolgschancen mit den richtigen Maßnahmen zu erhöhen.

Ihnen, lieber Adoptivbewerber, liebe Adoptivbewerberin, sei also ans Herz gelegt, wenn Sie sich nach ausreichender Reflektion für eine Inlandsadoption entscheiden: Es gibt Kinder in Deutschland, die Eltern suchen. Die Tatsache, dass Ihr Heimatjugendamt vielleicht keine Kinder zur Vermittlung hat, bedeutet nicht, dass Sie Ihr Prüfungsverfahren dort nicht absolvieren können. Nach erfolgreichem Bewerbungsprozedere ist es Ihnen gestattet sich anderweitig umzuschauen und sich bei auswärtigen Jugendämtern zu bewerben. Sicher gibt es Regionen, in denen immer noch mehr Kinder zur Adoption freigegeben werden, während in anderen Teilen Deutschlands tatsächlich in fünf Jahren nicht eine Vermittlung zustande kommt.

## »Adoptieren ist teuer.«

Wenn Sie für Ihr neues Glück erst noch ein Haus bauen wollen, sich ein neues Auto kaufen möchten und die Weltreise vor der Erziehung Ihres Kindes hinter sich bringen wollen, dann kann es schon mal kostspieliger werden.

Das alles müssen Sie aber nicht, um einem Kind liebevolle Eltern zu sein. Begeben Sie sich auf den Weg der Inlandsadoption, so müssen Sie sich keine Sorgen um horrende Kosten machen. Die Jugendämter sind staatlich, und die Prüfung Ihrer Adoptionstauglichkeit kostet kein Geld. Bei einem freien Träger zahlen Sie überschaubare Summen, die lediglich dazu dienen entstehende Kosten zu decken. Dennoch empfehle ich Ihnen die Prüfung der Kostenaufstellung, um keine böse Überraschung erleben zu müssen.

Ein Vorbereitungskurs ist meistens nur mit einer Aufwandsentschädigung zu begleichen.

Das, was Sie über teure Adoptionen immer so hören, hat nichts mit einer Adoption in Deutschland zu tun. Auslandsadoptionen haben tatsächlich ihren Preis und können – mit allem Drum und Dran – schon mal bis zu 30 000 Euro verschlingen.

## »Adoptivkinder sind Problemkinder.«

Stellen Sie sich darauf ein, dass Bekannte und Außenstehende sich mit fragenden Blicken nach dem wohl schwierigen Charakter Ihres Kindes erkundigen werden. Es kann gut sein, dass Ihnen Horrormärchen über brutale Schläger, freche Ausreißer und undankbare Kinder erzählt werden. Sie alle waren adoptiert. Man mag meinen, es gibt ein böses Adoptivkinder-Gen, mit deren Last die neuen Eltern immer zu kämpfen haben. Was aus meiner Sicht völliger Unfug ist.

Natürlich bringt Ihr Kind seine ganz eigenen Wurzeln und seinen ganz eigenen Stammbaum mit. Das bedeutet doch aber nicht, dass alles, was nicht genetisch von Ihnen ist, schlecht sein muss. Außerdem werden Sie als Eltern das Kind maßgeblich in seinem Wachstum fördern und begleiten können. Wichtig ist, dass Sie offen und ehrlich mit Ihrem Kind umgehen, ihm seine Herkunftsgeschichte nicht vorenthalten und es altersgerecht damit aufwachsen lassen. Dass Sie als Eltern intensiver gefordert sein werden, mit Ihrem Kind seine Lebensgeschichte zu teilen, müssen Sie wissen, bevor Sie ein Kind annehmen. Sie werden Gespräche führen über das »Warum bin ich weggegeben worden?« Und vielleicht auch mal zu hören bekommen, dass Sie nicht die »richtigen Eltern« sind und gar nichts zu sagen haben. Doch mit Herz und pädagogischem Wissen muss aus Ihrem Kind deshalb nicht gleich ein Verbrecher werden. Ich bin jedes Mal berührt, wenn mir solch unbedachten Sätze über Problem-Adoptivkinder zugetragen werden, und finde diese Aussagen schlichtweg dumm.

## »Sie dürfen sich nicht bei anderen Jugendämtern bewerben.«

Ein Satz, der Sie fürchten lassen soll. Wie schon in den vorhergehenden Kapiteln beschrieben, steht in keinem Gesetz geschrieben, dass Sie sich nach positivem Bescheid (damit ist Ihr Sozialbericht gemeint, den Sie nach Ihrem Prüfungsverfahren als Adoptivbewerber von Ihrem Sozialarbeiter vorgetragen bekommen) nicht auch bei anderen Ämtern bewerben können. Im Gegenteil: Wenn Ihnen beispielsweise die Sozialarbeiter Ihres

Jugendamtes wenig Hoffnung auf eine Adoption machen, weil es kaum Kinder in der Region zur Vermittlung gibt, dann rate ich Ihnen, seien Sie umtriebig. Bewerben Sie sich bei noch mindestens zwei weiteren Ämtern, damit Sie Ihre Chancen in eine gesunde Relation zur Wartezeit bringen. Sicherlich – ich erwähnte es bereits – werden Sie nie wissen, wann es so weit ist, aber untätig bleiben und im Nirwana einer Jugendamtsliste untergehen müssen Sie nicht mehr. Führen Sie Gespräche mit Sozialarbeitern anderer Ämter, senden Sie Ihre Bewerbung aus und seien Sie an Ihrem Fortkommen interessiert. Manchmal werden sogar Bewerber einer fremden Region bevorzugt behandelt, weil es dem Wunsch der abgebenden Seite entspricht, das Kind möglichst außerhalb der Region zu vermitteln, um eine mögliche spätere Konfrontation zu vermeiden. Merken Sie sich also: Nach einem positiven Bescheid Ihres Heimatjugendamtes dürfen Sie sich als angehende Adoptiveltern auch außerhalb Ihrer Region bewerben. Bitte machen Sie davon Gebrauch!

## »Adoptiveltern dürfen sich nicht scheiden lassen.«

Ein wichtiger Punkt, der in meinem Leben auch schon eine Rolle gespielt hat. Viele Adoptiveltern glauben, dass sie ihren Status, mit dem sie ihr Kind adoptiert haben, mit dem sie das Adoptionspflegejahr gemeistert und vielleicht noch einige Jahre verbracht haben, nicht ändern dürfen, weil ihnen sonst das Kind weggenommen würde. Völliger Quatsch! Hier spreche ich mal wieder aus Erfahrung. Leider hat meine Ehe im Laufe der Jahre eine Wendung genommen, die ich für mich so nicht mehr leben wollte. Dazu sei angemerkt, dass ich mit meinem Exmann immer noch sehr freundschaftlich verbunden bin. Aber für eine Partnerverbindung, wie ich sie mir vorgestellt hatte, hat es eben nicht mehr gereicht. Wir beschlossen, uns scheiden zu lassen und unsere Verbindung auf einer neuen Ebene zu pflegen, um den Kindern auch die Möglichkeit zu lassen, ihre Beziehung zum jeweiligen Elternteil für sich zu behalten. Ich kenne einige Adoptiveltern, die nur für den Schein, für die Kinder ein Leben aufrecht halten, das sie nicht glücklich macht. Das ist weder förderlich für die Kinder noch nötig für irgendjemanden. Adoptiveltern sind Menschen, und auch ihre Gefühle und Lebenssituationen können sich ändern. Meine Devise, die ich im Laufe meines Lebens lernen konnte, ist: »Wahrheit siegt.« Es ist nicht immer einfach, den Weg der Wahrheit zu gehen, aber am Ende ist das Herz doch leichter und befreiter, und kein Kind der Welt braucht das Gefühl »Nur wegen mir sind die noch zusammen, aber eigentlich unglücklich«. Das ist zu viel Verantwortung für ein Kind. Grundsätzlich haben Adoptiveltern das Bedürfnis, sich perfekt darstellen zu wollen. Schließlich mussten sie für ihr Familienglück kämpfen und viele Rahmenbedingungen erfüllen. Aber noch mal: Auch der Status einer Adoptivfamilie kann und darf sich ändern und niemand wird mit der Wegnahme des Kindes bestraft. Etwas anders sieht das allerdings in der Adoptionspflegezeit aus, in der die Sozialarbeiter auch ihre Kontrollbesuche durchführen und die Bindung des Kindes zu den Eltern erst langsam wächst. Darum geht es letztlich, eine ordentliche Eltern-Kind-Beziehung, die nicht so schnell zu erschüttern ist. In der Adoptionspflegezeit ist es wichtig, für konstante Verhältnisse zu sorgen. Denn in dieser Zeit kann es im schlimmsten Fall tatsächlich zur Wegnahme des Kindes kommen. Sprechen Sie offen und ehrlich mit den Sozialarbeitern, wenn es in dieser Phase bei Ihnen Probleme gibt. Am besten aber holen Sie sich vorab den Rat eines unabhängigen Experten, der Sie auch über die Rechtslage informieren kann. Es sei aber noch einmal erwähnt: Auch die Lebenssituation von Adoptiveltern darf sich ändern, und Sie brauchen keine Angst zu haben, dass Ihnen Ihr Kind weggenommen wird. Niemand ist perfekt.

# Anders geht es auch!

## Konstellationen für mögliche Adoptionen

Wenn man den Entschluss gefasst hat zu adoptieren, ist es sicher nicht einfach, sich durch die vielen Meinungen und Stimmungen zum Thema seinen persönlichen Weg zu suchen. Der Eindruck, eine bisweilen unüberwindbare Hürde anzugehen, ist manchmal recht präsent. Ich möchte Ihnen Mut machen und helfen positiv zu denken, auch wenn Ihre Rahmenbedingungen vielleicht nicht dem klassischen Familienbild unserer Gesellschaft entsprechen.

Sicherlich ist es wichtig, dass Sie sich selbst intensiv in das Thema Adoption einarbeiten und nicht alles auf dem Silbertablett serviert bekommen wollen. Denn Ihr Wissen darüber wird Ihre Stärke werden. Mit ein paar mir zugetragenen Geschichten, die zeigen, dass es auch anders geht, hoffe ich, Ihnen die Kraft zu schenken dranzubleiben und sich nicht einschüchtern zu lassen. Ich möchte Ihnen helfen, möglichst gleich die richtigen Schritte zu gehen und sich nicht beirren zu lassen.

Sätze wie »Singles dürfen nicht adoptieren« oder »Sie sind zu alt, um zu adoptieren« sind nicht korrekt. Auch gleichgeschlechtliche Paare und Familien mit leiblichen Kindern sind vom Gesetzgeber als Adoptivbewerber nicht ausgeschlossen. Lassen Sie

sich also von den oft abschreckenden Kommentaren der Sozialarbeiter bei einem Erstgespräch nicht demotivieren.

## Zwei Frauen bekommen ein Baby

Beatrice und Sylvia sind glücklich miteinander. Die zwei Frauen
leben ländlich in ihrem kleinen Häuschen bei Hannover. Seit vielen Jahren kennen sie sich, seit drei Jahren sind sie ein Paar. Beide
haben einen guten Beruf und sind in ihrer Freizeit gerne in der
Natur. Bea ist 38 und Sylvia wird 35. Genau das richtige Alter,
um das Leben gemeinsam in vollen Zügen zu genießen. Sylvias
Mutter ist Rentnerin und würde gerne die Rolle der Großma-
ma leben. Auch Beatrices Eltern hätten nichts gegen Nachwuchs
ihrer Tochter. Doch so einfach ist es mit dem Kinderkriegen in
einer gleichgeschlechtlichen Partnerschaft eben nicht. Sylvia hat
schlechte Erfahrungen mit Männern gemacht und kann sich eine
Schwangerschaft nicht vorstellen. Eine künstliche Befruchtung
mit Spendersamen, wie es in Holland durchführbar wäre, kommt
für beide Frauen nicht in Frage. Es ist zwar nichts Außergewöhnliches mehr, wenn zwei Frauen sich lieben, dennoch stoßen
sie bei ihrer Suche nach den Möglichkeiten, ein Kind aufzuzie-
hen, schnell an Grenzen. Trotz ihrer sicheren Berufe, ihres besseren Einkommens und ihrer tollen Rahmenbedingungen lehnen
die Sozialarbeiter ihres Heimatjugendamtes die beiden Frauen
als Paar erst einmal ab. »Bei uns dürfen nur verheiratete hetero-
sexuelle Paare in das Prüfungsverfahren aufgenommen werden.
Es tut uns leid, aber so sind die Bestimmungen.« Sätze, die sicher

nicht nur Beatrice und Sylvia zu hören bekommen. Die beiden Frauen lassen sich aber nicht gleich abwimmeln.

Ihr Entschluss, ein Kind zu adoptieren, steht fest. Um den Problemen mit dem Jugendamt aus dem Weg zu gehen, starten sie ihren Weg mit einer Auslandsadoption. Sie haben Kontakte im Ausland und gehen, betreut von einer guten Agentur, ihr Vorhaben sehr motiviert an. Die Tatsache, dass sie als gleichgeschlechtliches Paar adoptieren wollen, ist kein Ausschlusskriterium in Deutschland. Mit viel Mühe, Geduld und finanziellen Mitteln adoptieren die beiden Frauen tatsächlich ein Kind aus dem Ausland. Doch auch die durch das Haager Übereinkommen geregelten Auslandsadoptionen werden abschließend im Heimatjugendamt abgewickelt. So können sich die Sozialarbeiter auch von der Fähigkeit der beiden jungen Mütter als Adoptiveltern überzeugen.

Dass Beatrice und Sylvia später sogar ein zweites Kind über das Heimatjugendamt bekommen, soll auch anderen gleichgeschlechtlichen Paaren Mut machen zu kämpfen.

## Zu alt ist man (fast) nie

Hans ist im gehobenen Dienst tätig, seine Frau eine erfolgreiche selbstständige Unternehmerin in der Modebranche. Viele Jahre lieben sie sich schon. Sie haben ein schönes Zuhause, einen angenehmen Freundeskreis und sind das, was man »mitten im Leben stehend« nennt. Ulrike ist heute 46 Jahre jung. Ihr Mann ist 49. Kinder hat sich das Paar schon immer gewünscht. Nach ihrer beruflichen Absicherung und dem Bau ihres Hauses sollte es losgehen. Mit Anfang 30 setzte Ulrike die Pille ab und nichts passierte. Sehr lange passierte nichts. Bis sich Hans und Ulrike entschlossen eine Fachpraxis aufzusuchen, um ihre Fruchtbarkeit testen zu lassen. Zu wenig Samenbeweglichkeit hieß es auf der einen und kaum Follikelproduktion auf der anderen Seite. Das Schicksal meinte es nicht gut mit ihnen. Auf natürlichem Weg war es fast unmöglich schwanger zu werden. Der Sechser im Lotto galt als sicherer. Eine In-vitro-Fertilisation folgte der nächsten, aber auch die Halbgötter in Weiß konnten kein Wunder vollbringen, und so schien der Traum vom eigenen Kind geplatzt. Ulrike war erschüttert, zutiefst traurig und konnte den Gedanken an ein Kind nicht mehr loslassen. Durch eine Bekannte erfuhren sie von einem Informationsabend des Jugendamtes zum Thema Adoptionen. Hans und Ulrike erkannten ihre Chance. Eine Adoption war ihre Lösung. Von Herzen machten sie sich auf den Weg. Dass es ein steiniger Weg werden sollte, war ihnen nicht gleich bewusst. Doch schon vor dem Prüfungsverfahren hörte das Paar immer wieder die Sätze: »Sie sind zu alt. Sie werden sicher auch keinen Säugling bekommen. Eigentlich dürfen wir Sie gar nicht prüfen.« Selbstbewusst und überzeugt von ihren Qualitäten als Eltern bestanden Hans und seine Frau auf das Verfahren. Mit Anfang 40 fühlten sie sich noch nicht zu alt, sondern reif genug ein Kind liebevoll und mit den nötigen Mitteln großzuziehen. Sie belegten einen Adoptionsvorbereitungskurs, brachten ihre Unterlagen bei und harrten der Dinge, die da kommen sollten. Sämtliche Jugendämter, zu denen sie Kontakt aufgenommen hatten, um sich zu bewerben, hatten die gleiche ablehnende Haltung ihnen gegenüber. Hier wurde auf Zahlen geschaut und nicht auf den Menschen. Ständig wurde von einer Altersgrenze gesprochen, die es in keinem Gesetz gibt. Doch es sollte gut ausgehen. Durch kompetente Sozialarbeiter, die die wunderbaren Qualitäten des Paares doch erkannten, kam es zu einer Vermittlung. Hans und Ulrike bekamen sogar einen Säugling. Heute sind sie überglückliche und stolze Eltern ihrer Tochter Anna-Lena.

## Singleadoption

Das ist die Geschichte einer Frau, die schon immer ihren Weg gegangen ist. Manchmal war er steinig, aber das war für Rebecca selten ein Grund, das Ziel aus den Augen zu lassen oder gar aufzugeben. Rebecca war 31 und ziemlich glücklich mit Matthias. Sie lebten in einer geräumigen Wohnung in einer idyllischen Kleinstadt im Osten Deutschlands. Die junge Frau war freiberuflich tätig und verdiente ihr eigenes Geld. Ein Paar waren die zwei schon lange. »Uns gibt es schon eine gefühlte Ewigkeit«, kommentierte Rebecca gerne die neugierigen Fragen nach ihrer Beziehung. »Aber heiraten wollen wir nicht – wer weiß, wie lange unsere Ewigkeit noch dauert ... Und den Papierkram einer Scheidung können wir so sparen. Außerdem glaube ich, dass sich Partner noch ein wenig mehr Mühe geben, wenn die Kette nicht angelegt ist.« Matthias sah es genauso wie seine Freundin: »Liebe braucht keinen Trauschein.« Irgendwie fanden die beiden aber auch, dass es Zeit für ein Kind war. Reif genug fühlten sie sich und stark genug, miteinander diese Prüfung auch zu bestehen. Leider mussten sie recht schnell feststellen, dass sie auf natürlichem Weg keine

Chance auf ein gemeinsames Kind hatten. Matthias konnte keine Kinder zeugen. Eine künstliche Befruchtung durch eine Samenspende eines unbekannten Mannes, wie es im Ausland möglich ist, kam für Rebecca nicht in Frage. Dabei war sie sich so sicher, nicht kinderlos bleiben zu wollen. Genauso sicher war sie sich mit Matthias. Sie konnte doch nicht einfach weiterziehen, nur weil es irgendwo einen Erzeuger hätte geben können. Über Dritte erfuhr Rebecca schließlich von der Möglichkeit einer Singleadoption. Denn als unverheiratetes Paar kann nur einer der beiden Partner adoptieren und muss in diesem Fall die Prüfung alleine durchlaufen. Immerhin, es schien eine Option zu geben. Rebecca wandte sich an ihr Heimatjugendamt und führte ausführliche und sehr gute Gespräche. Ihre Willenskraft, ihre Bereitschaft zu lernen, was es bedeuten würde auch als alleinerziehende Adoptivmutter zu gelten, brachten sie ihrem Wunschkind näher. Welche Themen sich auch für ein Kind ergaben, die junge Frau sah sie sich genau an. Sie belegte einen Vorbereitungskurs, ließ die Sozialarbeiter in ihr Leben schauen und bekundete ihr vollstes Interesse. Sicher würde es nicht einfach sein, als Selbstständige für die nötigen finanziellen Mittel zu sorgen und auch noch einem Kind ausreichend Aufmerksamkeit und Zeit zu schenken. Doch es gab in Rebeccas Leben nichts, was sie mehr wollte. Matthias war an ihrer Seite, aber irgendwie ist es doch mehr ihr Weg geworden. Und so kam es in kürzester Zeit zu dem besonderen Anruf: »Hallo, es wurde ein Kind geboren. Ein kleiner Junge. Wir würden es sehr begrüßen, wenn Sie seine Mutter würden.« Rebecca konnte ihr Glück kaum begreifen. Bis heute ist Paul das größte Wunder in ihrem Leben. Matthias ist vor ein paar Wochen ausgezogen. Die gefühlte Ewigkeit ist einfach zu Ende gegangen.

# Traumpaar – kinderlos

Thomas und Leila sind glücklich verheiratet. Sie kennen sich seit ihrer Schulzeit und sind schon über zehn Jahre ein Paar. Seit drei Jahren sind sie miteinander verheiratet. Leila kann keine Kinder bekommen. Sie hatte Probleme mit ihren Eileitern und musste sich einigen Behandlungen und einer Operation unterziehen. Die Diagnose »unfruchtbar« steht unumwunden fest, aber Thomas und Leila wünschen sich zu ihrem perfekten Glück nichts sehnlicher als gemeinsam ein Kind großzuziehen. Beide können sich gut vorstellen ein Kind zu adoptieren. Gemeinsam machen sie sich auf den Weg zum Jugendamt. Sie haben schon viel über Adoptionen gehört und gelesen, aber nicht nur Gutes. Die Kinder seien häufig psychisch gestört und sehr schwierig zu erziehen. Säuglinge gäbe es nur sehr wenige zu adoptieren, und das ganze Prozedere würde mindestens drei Jahre, eher länger dauern. Doch Thomas und Leila lassen sich nicht gleich abschrecken. Sie wissen Adoption ist ihre einzige Chance auf ein Leben mit einem Kind. Bei ihrem Heimatjugendamt haben sie eine erste Beratungsstunde. Die Sozialarbeiterin nimmt sich Zeit. Bestimmt eine Stunde führen das Paar und die Fachfrau ein interessantes Gespräch. Leila kann die vielen Fragen stellen, die ihr auf dem Herzen liegen und auch Thomas bekommt ein gutes Gefühl. Die Sozialarbeiterin ist ganz begeistert vom Engagement des Mannes und sieht aufgrund des jungen Alters der beiden Eheleute sehr gute Chancen. Sie spricht sogar von einer möglichen Säuglingsadoption. Leila und Thomas können es kaum glauben. Mit der Empfehlung, einen Vorbereitungskurs zu besuchen, und einer

Menge Unterlagen gehen die beiden Liebenden glücklich nach Hause. Auf wundersame Weise scheint sich das Blatt in puncto Kinderlosigkeit in ihrem Leben zu wenden. Selbst die zukünftigen Großeltern beginnen sich mit der Thematik auseinanderzusetzen und stehen hinter ihren Kindern und deren Vorhaben.

Das große Haus, in dem Thomas und Leila mit Thomas' Eltern wohnen, bietet noch genug Platz für ein weiteres Familienmitglied. Von außen betrachtet läuft ihr Plan wie am Schnürchen. Der Vorbereitungskurs bestärkt das Paar abermals, und sie fühlen sich bestens informiert. Der Hausbesuch der Sozialarbeiter des Jugendamtes, die vielen Gespräche und sämtliche zu erfüllenden Maßnahmen laufen reibungslos. Ein paar kleine Wehwehchen bereitet ihnen manchmal die Ungeduld und die Abhängigkeit von der Entscheidung Fremder, aber grundsätzlich marschieren Thomas und Leila direkt auf ihr großes Glück zu. Nach ungefähr sechs Monaten erhalten Thomas und Leila kurz nach dem positiven Sozialbericht bereits den ersehnten Anruf. Direkt über das Heimatjugendamt haben die jungen Eheleute ihre kleine Tochter Marie als Säugling vermittelt bekommen. Das Glück ist perfekt.

## Diverse Konstellationen – eine Übersicht

Im Folgenden finden Sie die verschiedenen Konstellationen zur Adoption in Deutschland.

- Gern gesehen sind hier natürlich verheiratete Paare mit einem Alter bis zu 40 Jahren für eine Säuglingsadoption.
- Lebensgemeinschaften gleichgeschlechtlicher Paare können auch adoptieren, wobei derzeit ein neues Gesetz auf

den Weg gebracht wird, das ermöglichen soll, dass sich beide Partner als Eltern eintragen lassen können. Allerdings werden in der gleichgeschlechtlichen Konstellation Frauengemeinschaften bevorzugt.

- Bei der Singleadoption sieht das ähnlich aus. Hier werden Frauen definitiv lieber gesehen als alleinstehende Männer. Die Lebensgemeinschaft eines nicht gleichgeschlechtlichen Paares ist in der Abwicklung gleichbedeutend mit einer Singleadoption, weil laut Gesetz nur einer der beiden Partner adoptieren kann. Im Gegensatz zur Lebensgemeinschaft gleichgeschlechtlicher Paare ist bei den nicht gleichgeschlechtlichen Paaren kein Gesetz geplant, das die Eintragung beider Partner als Eltern ermöglicht.
- Auch eine Stiefkind-Adoption unterliegt auch der Prüfung durch das Jugendamt.

## Ausschlusskriterien für eine Adoption

Es gibt für Sie als Adoptionswillige gewisse Rahmenbedingungen, die Sie erfüllen müssen, um überhaupt geprüft zu werden. Es gibt Regeln, an die Sie sich im Verfahren und in der Adoptionspflegezeit halten sollten. Tatsächlich kann es unter Umständen auch mal zum Ausschluss für Bewerber kommen.

Als Adoptivbewerber ist es wichtig, finanziell möglichst unabhängig zu sein. Sie sollten es sich leisten können, ein Kind bei sich aufzunehmen, es zu versorgen und ihm auch mit finanziellen Mitteln den Rücken zu stärken. Sollten Sie hoch verschuldet sein und sich als Hartz-IV-Empfänger für ein Kind bewerben, wird das wenig Aussicht auf Erfolg haben.

Ist Ihre Beziehung bereits in der Krise, und können Sie sich als Paar den gemeinsamen Weg nicht vorstellen, können Sie sich den Gang zum Jugendamt sparen. In Ihrem polizeilichen Führungszeugnis dürfen keine Einträge zu finden sein, sonst spricht das auch gegen Sie als Bewerber.

Wichtig ist in Ihrer Kommunikation mit den Sozialarbeitern Offenheit. Selbst wenn Sie das Gefühl der totalen Kontrolle überkommt und es Sie massiv stört sich dermaßen durchleuchten zu lassen, sollten Sie nicht unhöflich werden. Wenn Sie ablehnend und frech werden und sich das Prozedere verbitten, wird das für Sie vielleicht zum Ausschluss, aber mit Sicherheit nicht zum schnellen Erfolg führen. Ähnlich gestaltet sich die Adoptionspflegezeit. Ein Jahr, in dem die Sozialarbeiter schauen, wie die Bindung zu Ihrem Kind wächst. Ein Jahr, in dem Ihr Kind aber auch noch einen Vormund über das Jugendamt an seiner Seite hat. Sie sind angehalten, wichtige Informationen an den Vormund weiterzuleiten, beispielsweise bei gesundheitlichen Problemen und anstehenden Operationen, der Taufe des Kindes oder Urlaubsreisen. Genauso sollten Sie sich kooperativ im weiteren Umgang mit den Sozialarbeitern zeigen, die in der Adoptionspflegezeit Hausbesuche machen werden. Es ist wichtig, dass Sie keinem der Beteiligten Ablehnung signalisieren, was nicht heißt, dass Sie sich alles gefallen lassen müssen. Ändern sich Ihre Rahmenbedingungen drastisch in der Adoptionspflegezeit, ist das ein wichtiges Kriterium für die Sozialarbeiter in der Entscheidungsphase. Ich rate Ihnen, sich Hilfe bei einem unabhängigen

Adoptionsexperten zu holen, wenn es bei Ihnen in dieser Zeit zu Problemen kommt. Besprechen Sie die Thematik und lassen Sie sich Optionen aufzeigen, schließlich kann es dabei auch um den Verlust Ihres Kindes gehen. Erst dann sollten Sie das Gespräch mit Ihren Sozialarbeitern suchen. Trennung, Tod eines Partners, schwere Krankheit und andere erschütternde Ereignisse können unter Umständen dazu führen, dass Sie Ihr Kind nicht behalten dürfen. Nach der Adoptionspflegezeit sieht das anders aus. Sie haben alle Rechte und Pflichten für Ihr Kind übernommen und dann trägt es auch Ihren Namen. Kein Vormund, kein Jugendamt wird dann noch über Ihr Kind entscheiden.

## Pflegeeltern werden – eine Alternative

Für manche Eltern ist die Aufnahme eines Pflegekindes eine interessante und gute Alternative zur Adoption. Es ist tatsächlich so, dass der Bedarf an Pflegeeltern groß ist. Allerdings sind die damit verbundenen Kriterien anders gelagert als bei einer Adoption. Das betrifft auch die Bedingungen für Sie als Eltern. Ein Pflegekind wird – rein rechtlich – nie denselben Status bekommen wie ein Adoptivkind. Das Adoptivkind ist mit allen Rechten und Pflichten als Ihr Kind anzusehen. Sie werden für Ihr Kind auch finanziell voll zu sorgen haben. Bei einem Pflegekind können Sie sowohl auf finanzielle Unterstützung des Amtes zählen als auch auf die emotionale Hilfe im Umgang mit dem Kind. Das Pflegekind wird nicht Ihren Namen tragen, und Sie werden nicht in vollem Umfang die gesetzlichen Vertreter sein. Es wird immer einen Vormund beim Jugendamt geben, und auch die leiblichen Eltern werden meistens eine noch wichtigere Rolle spielen. Auch wird bei Pflegekindern nach Pflegestufen unterschieden. Da kommt es zu Notaufnahmen von Kindern aus schlechten Verhältnissen. Kinder, die übergangsweise einen Platz brauchen, werden über das Jugendamt in Pflegefamilien vermittelt. Aber auch Kinder, die mit dem Status der Dauerpflege einen Familienplatz suchen, sind nicht selten. Diese Kinder werden nicht mehr in ihre Herkunftsfamilie zurückkehren. Sie kommen häufig aus sehr schwierigen Situationen und werden nicht selten scheu und zurückhaltend sein. Aber gerade sie brauchen besonders viel Liebe und Aufmerksamkeit. Natürlich bedeutet das für Sie als Eltern intensive Arbeit auf verschiedensten Ebenen. Dennoch ist die Chance, einem Kind auf seinem Weg Begleiter, Helfer und auch wichtiger Vertrauter zu sein, eine schöne Aufgabe. Trauen Sie sich den Weg als Pflegeeltern zu, so wenden Sie sich bitte an Ihr Heimatjugendamt. Holen Sie sich dort Rat oder wählen Sie eine andere Organisation, die Pflegeeltern sucht. Dort werden Sie informiert, geschult und gut beraten.

Im Anhang (Seite 165 ff. und 174 ff.) habe ich Ihnen Kontaktadressen zu den wichtigsten Institutionen zusammengestellt.

# Die drei Formen der Adoption

## Träume von einem fernen Land – die Geschichte einer anonymen Adoption

Familie Seifert hat ihre Tochter als Säugling über das Heimatjugendamt vermittelt bekommen. Mittlerweile ist Anne zehn Jahre alt und ganz schön neugierig. Sie weiß, dass sie adoptiert wurde und ihre leiblichen Eltern eine dunklere Hautfarbe haben müssen als ihre Herzeltern. Annes Haut ist nämlich auch dunkel, ihre Haare fast schwarz und ihre Augen sind tiefbraun. Herzmama Birgit ist eine blonde Frau mit blauen Augen, die wenigen Haare von Herzpapa Bernd sind auch blond. Beide sind sonnenempfindlich und ziemlich deutlich der norddeutsche Typ. Das alles macht den Dreien nichts. Sie haben sich lieb und wissen um ihre Geschichte. Dennoch würde Anne so gerne wissen, wie ihre leiblichen Eltern aussehen. Sie würde gerne erfahren, von wem sie denn nun die Augen hat und ob ihre leibliche Mutter auch so breit grinsen kann wie sie, wenn sie glücklich ist. Anne malt oft Bilder, auf denen auch ihre leiblichen Eltern zu sehen sind, so wie sie sie sich vorstellt. Einen kleinen Bruder hat Anne in ihren Träumen auch noch. Schließlich könnte das ja so sein.

Anne hat keinen Kontakt zu ihrer Herkunftsfamilie. Es gibt keine Fotos und keine Briefe. Es gibt nur eine kleine Erzählung, die

Mama Birgit ihr schon als kleines Mädchen vortrug. Ihre Bauchmama sei als sehr junges Mädchen noch nicht in der Lage gewesen selbst für ein Baby zu sorgen. Sie sei aus einem fernen Land und hätte eine fremde Sprache gesprochen. Mit Hilfe des Jugendamtes habe man dann eine Familie für Anne gesucht. Und das waren Birgit und Bernd. Ihre leibliche Mama wollte vielleicht irgendwann zurück in dieses ferne Land, und Annes leiblicher Papa würde noch in diesem fernen Land leben und auf seine Frau warten.

Dieses Land heißt Syrien. Dass es dort ganz anders ist als hier in Deutschland, hat Anne schon ein paar Mal gehört. Das Wetter, die Umgebung, die Gebäude, die Sprache, die Mentalität der Menschen. Anne spricht die Sprache ihrer leiblichen Eltern nicht, aber Anne lernt jetzt Englisch in der Schule und glaubt, dass sie sich damit dann schon verständigen wird. Sie hat mit ihren Eltern, Bernd und Birgit, viel über Syrien gesprochen. Sie möchte genau wissen, wie die Menschen dort leben und was sie anders machen als die Deutschen. Anne ist sich sicher, irgendwann einmal will sie in dieses Land reisen und ihre leiblichen Eltern finden.

## Post für Ben – die Geschichte einer halboffenen Adoption

Der Postkasten war gefüllt. Ben inspizierte den dicken Packen diverser Briefe auf seine eigene Post hin. Ben ist 14 und ein Adoptivkind. Ein Wort, das er nicht so gerne hört, weil es ihn ein Stück weit von seinen Eltern, Martina und Sven Breitner, entfernt. Schließlich ist er schon 14 Jahre ihr Kind. Und er ist glücklich mit ihnen. Von den üblichen Reibungen in einer intakten Familie mal abgesehen. Dennoch schaut Ben heute nach einer besonderen Post. Da ist ein Brief in dieser typischen Optik an Familie Breitner dabei. Absender: Jugendamt. Ben darf die Post öffnen, das hat er mit seinen Eltern so vereinbart. Er reißt den Umschlag auf und hat wieder ein Kribbeln im Bauch. Im Brief ein Brief. Genauso hat er es erwartet. Dieser Brief ist an Ben Breitner adressiert. Ben freut sich. Mit nervösen Fingern trennt er den Klebestreifen an der Rückseite auf und entnimmt ein gefaltetes Stück Papier. Mit schwarzer Tinte ist der beigefarbene Bogen beschrieben. Ben überfliegt die Zeilen, brummelt leise vor sich hin und lächelt. Am Ende des Briefes steht da in dicken Buchstaben: »Umarme dich herzlich – deine Marlene«.

Marlene ist Bens Mutter. Seine leibliche Mutter. Ben ist das vierte Kind, das Marlene gebar. Sein leiblicher Vater, zu dem auch Marlene heute keinen Kontakt mehr hat, konnte sich damals kein weiteres Kind vorstellen. Er stellte Marlene vor die Wahl – er oder das Kind. Aus dieser Notlage heraus, auch wegen finanzieller Abhängigkeit entschied sie sich gegen das Baby und für ihre drei Kinder. Gegen Ben. Für eine Abtreibung war sie damals nicht bereit. Durch die Sozialarbeiter des Jugendamtes wurde sie in der Schwangerschaft unterstützt. Aktiv konnte sie bei der Suche nach einer Familie mithelfen und beschloss, den Kontakt zum Kind auch nach der Vermittlung nicht zu verlieren. Mit Hilfe des Amtes lernte sie Martina und Sven sogar persönlich kennen. Heute schreibt sie ihrem Sohn regelmäßig Briefe, und ab und zu sehen sich die beiden in einem Cafe. Anfangs hat eine nette Sozialarbeiterin die Familien bei ihren Treffen unterstützt und dafür gesorgt, dass sie sich an neutralen Orten treffen konnten. Bens Geschwister sind nicht wirklich an ihm interessiert, das liegt aber mehr an der Tatsache, dass sie ihn als Auslöser der Scheidung ihrer Eltern betrachten. Bens leiblicher Vater möchte auch nichts von ihm wissen. Ben hat mal ein Foto von Marlene bekommen. Er weiß, wie sein Erzeuger aussieht, und ist sehr froh mit seinem Papa Sven. Dennoch findet er es schön, Kontakt zu seiner leiblichen Mutter haben zu dürfen. Irgendwie gehört sie ja dazu. Manchmal antwortet er nicht auf ihre Schreiben, aber es zwingt ihn ja keiner. Er ist ein Breitner und Martina und Sven sind seine Eltern.

## Das Familienfest – die Geschichte einer offenen Adoption

Die Sonne strahlt an diesem Tag besonders. Die kleine Prinzessin der Familie Fröhlich hat Geburtstag. In ihrem rosa Sommerkleidchen und mit ihren niedlichen Zöpfchen verzückt sie die ganze Familie. Ihren vierten Geburtstag darf sie heute feiern. Nikita ist ein Herzkind. Mama Lena und Papa Armin konnten keine leiblichen Kinder bekommen. Sie adoptierten die kleine Nikita kurz nach ihrer Geburt. Die Geburtstagsrunde, bestehend aus sämtlichen Tanten, Onkels, Omas und Opas, Cousins und Cousinen, Neffen und Nichten, nahm das kleine Mädchen von Herzen auf. Sie ist für alle etwas Besonderes. Aufgeweckt und fröhlich tollt sie im Garten umher.

Familie Fröhlich geht sehr offen mit dem Thema Adoption um. Die Nachbarn und Freunde wissen, wie Nikita in die Familie kam und niemand macht ein Geheimnis daraus. Nikita selbst weiß auch, dass sie ein Herzkind ist. Das Herzkind einer Herzmama und eines Herzpapas. Sie weiß aber auch, dass es eine Bauchmama gibt.

Als es an der Tür erneut schellt, ruft Nikita: »Ich, ich, ich mach auf!« Sie rennt über die Wiese, weiter über die Terrasse ins Haus, um die Haustür mit einem strahlenden Lächeln zu öffnen. Ein ebenso strahlendes Lächeln bekommt Nikita zurück. Es ist Nancy – Nikitas leibliche Mutter. Sanft streicht sie ihrer Tochter über den Kopf, nimmt sie auf den Arm und herzt sie liebevoll. »Alles Gute zum Geburtstag – kleiner Engel!« Kaum hat Nikita wieder festen Boden unter den Füßen, nimmt sie Nancy bei der Hand, um sie in den Garten zu ziehen. »Mama, Mama, schau mal, hier ist die Nancy gekommen. Sie hat bestimmt noch ein Geschenk für mich.« Natürlich hat sie das. Nancy bringt immer Geschenke mit, wenn sie ihre Tochter besucht. Schließlich liebt sie ihr Kind auf eine ganz eigene Weise.

Als die junge Frau mit Nikita ungewollt von einem »One-Night-Stand« schwanger wird, weiß sie bereits, dass das nicht hätte passieren dürfen. Nancy trägt eine schwere Krankheit in sich. Wie lange sie noch zu leben hat, war nicht klar. Drei Jahre oder zehn – mehr geben ihr die Ärzte auf keinen Fall. Dennoch will Nancy das Kind nicht abtreiben. Sie lässt sich beraten und wählt den Weg der Adoption. Sie wünscht sich aber den Kontakt zu ihrem Kind. Durch die besonders aufgeschlossene Art von Lena und Armin kommt das Jugendamt zu dem Entschluss, die perfekten Eltern für Nikita und die außergewöhnliche Situation

Nancys gefunden zu haben. Bereits in der Schwangerschaft lernen sich die drei kennen. Lena begleitet Nancy sogar zur Entbindung ihrer Tochter und ist zutiefst dankbar für das Vertrauen, das Nancy ihr schenkt. Sie sind Freundinnen geworden.

Nikita wächst mit der Wahrheit auf. Sie wird spielerisch und altersgerecht über ihre Geschichte aufgeklärt und positioniert sich und ihre Familie schon ganz schön alleine. »Lena ist die Mama, und bei Nancy war sie mal im Bauch, weil Mama keine Kinder im Bauch wachsen haben kann.« Nikita hat Nancy lieb und freut sich immer, wenn sie auch mal was mit ihr alleine machen kann. In den Zoo gehen oder auf den Spielplatz. Dass Nancy vielleicht bald schon nicht mehr zu Besuch kommen kann, weiß Nikita noch nicht. Noch kein Thema für ein kleines Mädchen und außerdem macht das die Großen schon traurig genug.

## Mehr als nur »inkognito«

Welche Form der Adoption können Sie sich vorstellen? Für Sie als angehende Adoptiveltern eine entscheidende Frage auf dem Weg zu Ihrem Kind.

Die meisten Adoptiveltern wünschen sich von Herzen ein Kind und wollen einfach ein ganz normales Familienleben führen. So wie sie es eben von Freunden und Bekannten, aus der Familie und von Eltern leiblicher Kinder kennen. Machen Sie sich bitte von vornherein klar, dass Sie als Adoptiveltern einen genauso besonderen Status haben wie Ihr Kind. Das heißt nicht zwangsläufig, dass nicht auch ganz normales Familienleben stattfinden wird. Und es muss auch nicht immer alles analysiert und therapiert werden, aber zu Ihrer Geschichte wird auch immer die Herkunftsfamilie Ihres Kindes gehören. Gemeinsam sind Sie etwas Besonderes.

Für die Antwort auf die Frage nach der Adoptionsform spielen verschiedene Faktoren eine Rolle. Auch die Frage, wie offen Sie mit Ihrer Besonderheit umgehen können und wollen. Wie offen wollen Sie damit Ihrem Kind und Ihrer Umwelt gegenüber sein? Interesse an seinen Wurzeln, an seiner Herkunft wird Ihr Kind auch bei völligem Verschweigen seiner Geschichte bekommen. Da sind einfach unerklärbare Energien und Verbindungen vorhanden, die niemand totschweigen darf. Ich kenne Fälle, da fühlten sich Kinder falsch in ihren Familien, fehl am Platz, obwohl die Adoptiveltern alles Erdenkliche für ihr Kind taten – außer ihm die Wahrheit über seine Herkunft zu erzählen. Da gab es Identitätskrisen und die Suche nach dem eigenen Ich, obwohl die Kinder wohlbehütet in ihrer neuen Familie lebten – bis eben dann die Wahrheit ans Licht kam. Das sorgt natürlich erst mal für Entzweiung und Distanz, aber am Ende führt es hoffentlich zu einem »Sich finden«. Eine Lebenslüge sollten Sie Ihrem Kind nicht antun, wenn Sie es lieben. Lassen Sie es mit der Wahrheit heranwachsen, dann gehört die Herkunftsfamilie mit zur Normalität. Inwieweit Sie einen Kontakt zur abgebenden Seite zulassen wollen, liegt an Ihnen. Wie bereits oben erwähnt, spielen auch andere Faktoren dabei eine Rolle. Es liegt nicht nur in Ihrer Toleranz und Nächstenliebe. Manchmal möchte eine leibliche Mutter vergessen, möchte sich vom Schmerz distanzieren, kann aus persönlichen Gründen den Kontakt zum Kind nicht pflegen. Manchmal braucht es einfach Zeit. Jede Adoption hat ihre eigene Geschichte. Hier geht es um Menschen, Gefühle und Schicksale, die zusammenfließen. Es gibt Fälle, in denen eine leibliche Mutter keinen Kontakt zum Kind haben darf, in denen sie durch ihre Lebensumstände gezwungen ist sich fernzuhalten. In anderen Fällen kann sie keinen Kontakt pflegen, weil sie physisch und psychisch nicht stabil genug ist. Seien Sie interessiert. Fragen Sie nach der Herkunft, nach den Schicksalen, die dahinter stehen. Sprechen Sie mit den Sozialarbeitern über die verschiedenen Möglichkeiten der Kontaktpflege. Finden Sie eine Konstellation, mit der Sie sich wohlfühlen, dann müssen Sie eine Herkunftsfamilie auch nicht verschweigen. Dann können Sie Ihrem Kind am besten dabei helfen, mit seiner Geschichte zu leben. Jetzt und in der Zukunft.

Grundsätzlich ist vor dem Gesetz jede Adoption eine Inkognito-Adoption. Das bedeutet, dass Sie mit der Adoptionsurkunde und der neuen Geburtsurkunde des Kindes die rechtmäßigen Eltern sind. Sie haben alle Rechte und Pflichten, die dieses Kind betrifft. Sie könnten ins Ausland auswandern, Sie könnten sämtliche Kontakte abbrechen und mit Ihrem Kind verschwinden. Niemand kann Sie dazu zwingen, Statusberichte zu Ihrem Kind abzugeben. Weder das Jugendamt noch die abgebende Seite. Dennoch werden Sie im Vorfeld darüber Auskunft geben müssen, wie Sie sich einen Kontakt vorstellen könnten.

Eine halboffene Adoption wird mit Hilfe des Jugendamtes durchgeführt. Ihre persönlichen Daten, wie Wohnadresse und Details zu Ihrem Leben, bleiben der abgebenden Seite verborgen. Sie können mit Hilfe der Sozialarbeiter Briefe hin und her reichen. Sie können sich mit Unterstützung des Jugendamtes sogar zu persönlichen Treffen verabreden. Sie können sich an neutralen Orten in von Ihnen bestimmten Abständen sehen. Sie können sich Bilder schicken und gegenseitig an Ihrem Leben teilhaben lassen. Alles so weit, wie Sie beide (abgebende und annehmende Seite) es zulassen wollen. Für Sie als Adoptiveltern sei aber noch mal wiederholt: Rechte und Pflichten liegen bei Ihnen. Amtlich gesehen handelt es sich immer noch um eine Inkognito-Adoption. Ihre Kontaktpflege ist freiwillig.

Genauso ist es bei der offenen Adoption. Diese Form der Adoption entwickelt sich häufig aus der halboffenen. Das heißt: Erste Kontaktaufnahmen laufen über das Jugendamt. Die Sozialarbeiter vermitteln. Bei wachsender Nähe und Interesse auf beiden Seiten können dann sogar persönliche Daten weitergegeben werden. Private Treffen und direkte Kontakte sind dann jederzeit möglich. Es gibt keine Regeln und Vorschriften über den Ablauf solcher Treffen. Auch die Häufigkeit und Intensität bestimmen Sie selbst. Wie Sie Ihrem Kind altersgerecht seine Geschichte erklären, müssen Sie von Ihrem Gespür abhängig machen. Jedes Kind ist ein Individuum und hat sein eigenes Tempo.

# Alternative: Auslandsadoption

## Besonderheiten der Aufnahme eines ausländischen Kindes

Nach der ersten Kontaktaufnahme mit einer zugelassenen Auslandsadoptionsvermittlung bekommen Sie Informationsunterlagen sowie Ihre Bewerbungsunterlagen, die Sie nach Möglichkeit beantworten und ausfüllen. Danach werden Sie als Bewerber registriert.

In einem Erstgespräch werden Sie über den weiteren Ablauf informiert und ähnlich wie bei Ihrem Heimatjugendamt über Ihre Intention bezüglich der Adoption Auskunft geben dürfen. Vorbereitungskurs und Seminar, die nun zu absolvieren sind, sind bereits kostenpflichtig. Sie werden auf Ihre Tauglichkeit als Adoptiveltern geprüft, obwohl auch der Sozialbericht des Heimatjugendamtes eine Rolle spielen kann. Denn nicht immer ist die Vermittlungsstelle in der Lage den Sozialbericht selbst zu erstellen, dann kann die Prüfung über Ihr Heimatjugendamt hilfreich sein. Und außerdem empfiehlt sich eine Zusammenarbeit mit dem Heimatjugendamt sicher, da Ihre Dokumente zur Abwicklung der Adoption auch über den Tisch der Sozialarbeiter dieses Amtes gehen. Ihre Auslandsvermittlung wird gemeinsam mit Ihnen über das Herkunftsland Ihres Kindes sprechen, und

Sie bekommen sicherlich Empfehlungen für die zu Ihnen passende Kultur und Herkunftsgeschichte Ihres Kindes. Vielleicht verbindet Sie aber auch bereits etwas mit einem bestimmten Land. Sicherlich ist das psychologische Gutachten, das für eine Auslandsadoption wichtig ist, noch eine Besonderheit auf Ihrem Weg. Und Sie werden das Land, aus dem Ihr Kind kommt, wahrscheinlich mehrfach bereisen müssen. Mindestens jedoch einmal.

Sämtliche Kosten, die dabei entstehen und darüber hinaus Kosten, die Ihre Vermittlungsagentur für Ihre Aufwendungen hat, müssen von Ihnen getragen werden. Eine nicht zu unterschätzende Summe Geldes wird Ihnen zu Lasten gehen.

Nachdem Sie nach einer längeren Wartezeit – mehrere Jahre sind möglich – mit Ihrem Kind aus dem Herkunftsland nach Deutschland zurückgekehrt sind, werden Ihre Unterlagen von Ihrem Heimatjugendamt final bearbeitet, und die Adoption muss von den deutschen Behörden rechtskräftig anerkannt werden.

## Auslandsadoption – in Kürze

- Telefonische Kontaktaufnahme (oder E-Mail). Die Informationsunterlagen werden zugeschickt.
- Bewerbungsunterlagen ausgefüllt abgeben. Damit wird man als Bewerber registriert.
- Erstgespräch. Danach folgt meistens ein Vorbereitungsseminar, in dem der Ablauf des Verfahrens erklärt wird, man Infos zu den Kosten und zu den Ländern bekommt. Diese Seminare sind bei den meisten Organisationen bereits kostenpflichtig.

- Mehrere Gespräche mit Fachkräften der Vermittlungsstelle. Inhalte können sein: Warum möchten Sie adoptieren? Warum aus dem Ausland? Warum aus einem bestimmten Land?
- Bei Auslandsadoptionen wird recht häufig ein psychologisches Gutachten verlangt.
- Sozialbericht. Der wird wahlweise beim Heimatjugendamt angefordert oder durch die Organisation selbst erstellt.
- Länderabschlussgespräch. Die Festlegung auf ein bestimmtes Land und die Besonderheiten einer Adoption in diesem Land werden besprochen, wenn Sie sich nicht schon ganz konkret für ein Land entschieden und bereits eine Organisation hierzu aufgesucht haben.
- Zusammenstellung der Unterlagen für dieses Land. Eine genaue Liste bekommt man von der Vermittlungsstelle ausgehändigt. Bei Auslandsadoption ist die Liste etwas länger als für eine Adoption in Deutschland. Unter anderem kommen noch Referenzschreiben, psychologisches Gutachten und Beglaubigungen der Unterschriften hinzu.
- Versand der Unterlagen ins ausgewählte Land.
- Wartezeit. In der Zwischenzeit bieten einige Organisationen weitere Seminare und Vorbereitungskurse an.
- Kindervorschlag an die Vermittlungsstelle. Das zuständige Jugendamt und das Landesjugendamt überprüfen den Vorschlag und informieren das Bewerberpaar.
- Gespräch mit den Fachkräften. Die Akte des Kindes wird vorgestellt und der Willen zur Adoption bezeugt und beurkundet. Außerdem wird über das Land informiert.

- Reise ins Land. Die gestaltet sich je nach Land verschieden, manchmal sind auch zwei Reisen nötig, die erste zur Erledigung der Formalitäten und die zweite zur Abholung des Kindes.
- Anerkennung der ausländischen Adoption durch die zuständigen deutschen Behörden.

Prinzipiell besteht auch die Möglichkeit, eine Auslandsadoption ohne eine Vermittlungsstelle durchzuführen. Dazu muss aber die Begleitung der Adoption durch das zuständige Landesjugendamt übernommen werden. Vorteil einer solchen Art der Adoption sind niedrigere Kosten, ein großer Nachteil jedoch, dass Sie sämtliche Formalitäten im Land selbst erledigen müssen. Das setzt sicherlich voraus, dass Sie die Sprache des Landes beherrschen oder mit Hilfe eines Dolmetschers kommunizieren. Sie sollten sich auf jeden Fall mit rechtlichen Dingen im Herkunftsland Ihres Kindes auskennen. Sie sollten wissen, mit welchen Behörden Sie Kontakt aufnehmen müssen und welche Dokumente beizubringen sind. Voraussichtlich werden diese »privaten Adoptionen« von den deutschen Behörden jedoch nicht mehr lange akzeptiert, eine Gesetzesänderung steht derzeit an.

Zur Vereinheitlichung und Verbesserung der Verfahren bei internationalen Kindesadoptionen wurde 1993 das Haager Übereinkommen geschlossen, dem die Bundesrepublik Deutschland 2002 beigetreten ist. Hier finden Sie den Text und weitere Informationen: www.bundesjustizamt.de.

Wichtige Adressen finden Sie im Anhang (Seite 181 ff.).

# Der Vorbereitungskurs

## Mein erstes Mal im Kurs

Hannover im September 2004. In der evangelischen Familienbildungsstätte trafen mein Mann und ich mit vier weiteren adoptionswilligen Paaren aufeinander. In einem Stuhlkreis rückten wir zusammen, beklommen startete die Vorstellungsrunde der Teilnehmer. Ich fühlte mich wie bei den Anonymen Alkoholikern. Über Schuld und Unschuld der Fruchtbarkeit sein Kennenlernen zu gestalten empfand ich als sehr befremdlich. Überhaupt hatte ich mir von dieser Veranstaltung nicht viel versprochen, außer einer Bescheinigung, den Kurs pflichtgetreu absolviert zu haben. Denn ohne diesen Schein gab es in meinem Heimatjugendamt keine Prüfung. Kein Gesetz, aber eine Auflage die sich die zuständigen Sozialarbeiter zur Regel gemacht hatten. Die Leiterin des zehnwöchigen Kurses, Gesine Schanz, blickte interessiert in die Runde. Ihr blond-weißes Haar fiel in Wellen kinnlang. Sie war eine rundliche, offenkundig fröhliche Person und trug diesen gewissen Sozialpädagogenlook. Sie hatte selbst ein Adoptivkind und vier leibliche Kinder. Sie war bereits seit über 20 Jahren im Segment Adoption tätig und machte einen kompetenten Eindruck. Ich wusste allerdings auch nach der persönlichen Begrüßung und meiner eigenen Vorstellung immer noch nicht, was ich in diesem Kurs lernen sollte. Ich wollte ein Kind lieben und begleiten. Ich wollte bemuttern und versorgen. Ich wollte einfach Mama sein. Was gab es da zu wissen? Ich hatte vorher auch noch nie von einem Elternkurs gehört, den Paare, die ein leibliches Kind erwarteten, absolvieren mussten. Abgesehen von »Hechelkursen« vor Entbindungen. Aber so ein Elternführerschein, wie ich ihn nun absolvieren sollte, war mir neu. Im Grunde eine Frechheit. Eltern leiblicher Kinder würden ihre Lektionen doch auch im Laufe des Lebens lernen. Warum musste ich mich vorher schulen lassen? Ich sah keinen Bedarf. Die erste Stunde verging, und irgendwie konnte jeder der Anwesenden etwas über seine Vorstellungen zum Thema Adoption loswerden. Das Thema Unfruchtbarkeit und künstliche Befruchtung war ebenfalls sehr präsent. Ich glaube, alle außer mir waren noch irgendwie damit beschäftigt die letzte misslungene Befruchtung zu verarbeiten oder sogar parallel noch mal ein paar eingefrorene Eizellen zu reaktivieren. Durch die frühe Kenntnis meiner Unfruchtbarkeit war ich bereits losgelöst vom Wunsch nach der Weitergabe meiner Gene in diesem Kurs gelandet. Mich stimmte eher der Gedanke traurig, kinderlos bleiben zu müssen.

Irgendwie schaffte es Frau Schanz, eine rege Diskussion in Gang zu bringen und das Interesse für das, was uns bei ihr erwartete, zu wecken. Sie hatte Bücher mitgebracht und empfahl uns, uns mit der Materie auseinanderzusetzen. Sie fragte uns, was wir uns denn von einem Kind erwarten würden. Sie wollte wissen, wie genau wir uns ein Kind schon vorstellen würden. Wie sicher waren wir überhaupt eine Adoption anzustreben? Sie fragte, was wir schon zum Thema in Erfahrung gebracht hatten. Die üblichen falschen Sätze über Adoptionen fielen und sie klärte uns bereits häppchenweise auf. Gesine Schanz scherzte und erklärte, dass Frauen in ihrem Kurs auch oft schwanger werden würden. Nicht gefühlt schwanger, sondern so richtig schwanger. Meistens sei das der abfallende Druck, der durch die hohen Erwartungen, als Gebärmaschine funktionieren zu müssen, entstanden war. Dass meine Schwangerschaft genauso sensationell wäre wie die unbefleckte Empfängnis Marias, wusste ich damals schon. Also habe ich mich einfach voll auf den Kurs konzentriert und am Ende des ersten Kurstages hatte ich doch das Gefühl, ich könnte was lernen. Voller Euphorie, auf dem richtigen Weg zu sein, ging ich an diesem Abend ins Bett. Meine Gedanken kreisten noch eine ganze Weile um mein mir noch unbekanntes Kind, und damit schlief ich zufrieden ein.

## Alles einmal durchgeschüttelt – Frau Bode berichtet

Nach längerer Wartezeit war es endlich so weit. Der Wochenendkurs bei Frau Schanz ging in die erste Runde. Es hatte einige Zeit gedauert endlich einen Termin zu bekommen. Frau Schanz reiste weit und besuchte einige Jugendämter, um angehende Adoptivbewerber auf ihr Elternsein vorzubereiten.

In unserem Kurs gab es sogar zwei Frauen, die gemeinsam ein Kind adoptieren wollten. Uns war bisher nicht bewusst, dass eine gleichgeschlechtliche Partnerschaft vom Jugendamt akzeptiert würde. Aber dafür waren wir schließlich in der Vorbereitung gelandet. Wir lernten eine Menge über Adoptionen, Kann- und Muss-Bestimmungen, Vorlieben verschiedener Jugendämter und vor allem über uns selbst. Das war nicht immer einfach. Plötzlich stellten wir nämlich fest, wie unterschiedlich unsere Ideen zu einem Kind und dem Leben mit ihm waren. Ich war offen für vieles: Ein farbiges Kind, ein Kind mit einer Behinderung, auch ein älteres Kind wäre für mich in Frage gekommen. Mein Mann dachte da ganz anders. Er wollte am liebsten ein deutsches Kind, auf keinen Fall aus einem fremden Kulturkreis und kein farbiges Kind. Er wünschte sich für uns einen Säugling, damit die Bindung einfacher wachsen könnte und die Probleme durch eine mögliche Vorgeschichte nicht so in unser Leben einschlugen. Frau Schanz brachte uns überhaupt erst zur konkreten Auseinandersetzung mit den Vorstellungen des anderen. Sie erklärte uns, wie einflussreich ein anderer Kulturkreis tatsächlich sein kann, wie wichtig die Herkunft des Kindes für sein ganzes Leben war. Dass bei der Identitätsfindung das Kind natürlich auch seine Wurzeln aufspüren wollen würde. Dass allein durch den optischen Vergleich ein farbiges oder südländisches Kind bei blonden Eltern immer ein Anderssein empfinden kann oder eben Mitschüler, Freunde und Bekannte es zu einem Fremden machen. Gedanken, die ich mir als Frau vorher nicht gemacht hatte. Ich glaube, ich wollte einfach meine Chancen erhöhen Mutter zu werden. Die Folgen waren mir damals noch egal. Mein Mann spürte diesen Kinderwunsch nicht so stark. Er begleitete mich und sagte aufmunternd: »Du machst das schon.« Aber seine Bedenken und Wünsche hat er dann doch angemeldet. Für eine kurze Weile haben wir sogar überlegt das Unternehmen »Adoption« vorzeitig zu beenden. Wir haben diskutiert und gestritten und waren uns nicht mehr sicher das Richtige zu tun.

Der Kurs hielt viele Fragen bereit. Natürlich gab es auch Antworten, aber letztlich ging es darum, sich selbst die richtigen Antworten geben zu können. Mein Mann und ich haben uns dann gemeinsam an den Fragebogen des Jugendamtes gesetzt. Nach einer Empfehlung von Frau Schanz füllten wir den Bogen erst nach Beendigung des Seminars aus. Und das war gut so. Wir haben die Fragen mit ganz anderen Augen betrachtet, wir konnten viel tiefer blicken und wir konnten gemeinsam eine Antwort finden, die uns beiden entsprach. Schließlich ging es um unser Kind.

Rückblickend tat uns die Aufregung gut. Alles einmal durchgeschüttelt. Im Kopf, im Herzen. Wir haben viel gelernt, über unsere Wünsche, über unseren gemeinsamen Weg mit einem Kind und natürlich über das ganze Prozedere. Wir sind nun auch gerüstet für die Zukunft, denn leben mit einem Adoptivkind hört nicht nach der Annahme des Kindes auf.

Wir leben jetzt seit zwei Jahren mit unserer kleinen Tochter Leila zusammen. Sie ist als Säugling zu uns gekommen und hat deutsche Eltern. Ich habe doch auf die Bedenken meines Mannes gehört und bin froh, dass wir gemeinsam entschieden haben. Wir sind sehr glücklich und wissen, dass das, was wir im Kurs gelernt haben, noch lange nachwirken wird.

# Auf den Spuren der Wahrheit –
# Frau Michalski berichtet

Mir hat es gutgetan, mich mit Gleichgesinnten zu treffen. Der Vorbereitungskurs zur Adoption war wie ein Befreiungsschlag für mich. Endlich konnte ich laut aussprechen, was mich all die Jahre bedrückt hatte. »Ich bin unfruchtbar und kann keine Kinder bekommen.« Ein Tabuthema. Ich genierte mich jedes Mal, wenn Freunde oder Bekannte fragten, warum ich noch nicht Mutter war. Schließlich würde ich immer so herzlich mit allen Kindern spielen. Oft wurde gewitzelt, mein Mann sei zu viel beruflich unterwegs und er würde den richtigen Zeitpunkt nicht erwischen. Über den Kurs und über die Auseinandersetzung mit dem Kinderwunsch und der Unfruchtbarkeit konnte ich mich endlich befreien. Erst sagte ich es leise, dann immer lauter. Heute wissen es natürlich auch meine Freunde. Ich bin unfruchtbar.

Die, die ihre Witze gemacht haben, sind ganz still geworden. Es war gut zu wissen, dass es anderen Frauen ging wie mir. Und die Hoffnung auf ein Leben mit Kind habe ich im Kurs ebenfalls gewonnen. Ziemlich unsicher bin ich gestartet. Ich hatte geglaubt, dass ich heimlich, still und leise diesen Kurs belegen kann. Mein Mann wollte mich bei meinem Vorhaben, ein Kind zu adoptieren, unterstützen, aber sich nicht besonders engagieren. Für mich war das okay. Ich wollte einfach alle Formalitäten hinter mich bringen und überlegte, wie ich am geschicktesten eine Schwangerschaft vortäuschen könnte. Oder ich brauchte eine andere plausible Erklärung für einen Säugling, der von einem auf den anderen Tag als

unser Kind bei uns lebte. In Gedanken zog ich nach dem Adoptionspflegejahr schon in eine fremde Stadt. Ich wollte in der Anony-
mität untergehen und einfach eine ganz normale Familie haben.

Im Kurs wurde ich eines Besseren belehrt. Mir wurde nicht nur
klar, wie wichtig es ist, zu sich selbst zu stehen, mir wurde auch
klar, wie wichtig einem Kind seine Wurzeln sind. Mein Mann,
der bisher kaum Interesse am Thema Adoption zeigte entdeckte
eine ganz neue Seite an sich. Durch die gemeinsamen Aufgaben
dort hatten wir auf einmal ein Ziel. Ein gemeinsames Ziel. Und
zu wissen, wie schön es sich anfühlt, ehrlich mit seinem Umfeld
umzugehen und nichts mehr verheimlichen zu wollen, verdanke
ich dem Vorbereitungskurs.

## Was der Kurs mir gebracht hat

Ich war mir sicher, einen Vorbereitungskurs für meinen Weg der
Adoption nicht zu brauchen. Doch schon am ersten Tag musste
ich mein Urteil revidieren. Eine Adoption bedeutet nicht einfach
nur ein Kind zu bekommen. Abgesehen davon, dass es vielen Eltern guttun würde vor der Geburt ihres Kindes sich mit dem Thema Elternschaft auseinanderzusetzen, macht es Sinn, sich einmal
gedanklich intensiv auf das bevorstehende Leben mit einem Kind
einzulassen. Kinder bedeuten Verzicht, sie bringen einen dazu,
den Fokus von sich selbst zu nehmen, sich zu jeder Tages- und
Nachtzeit zu kümmern. Man braucht Vertrauen zu sich selbst, zu
seinem Partner, in die Kinder. Über viele, viele Jahre muss man
sich ihnen und all ihren Sorgen und Problemen, ihrem Sein wid-

men. Und Adoptivkinder bedeuten noch viel mehr. Hier gibt es fremde Wurzeln, eine Herkunftsfamilie und oft eine berührende Geschichte. Dies alles gilt es in das eigene Leben zu integrieren.

Mein Vorbereitungskurs war in Etappenziele unterteilt.

Zuerst einmal ging es um die Auseinandersetzung mit sich selbst und seinem Partner. Die Frage nach der Intensität des Wunsches adoptieren zu wollen. Wie sicher waren die Partner miteinander? Durch ihre einfühlsame Anleitung half Gesine Schanz einigen Paaren in Bezug auf die Kommunikation mit den zuständigen Jugendämtern sehr.

Nicht immer gab es dort einen reibungslosen Ablauf. Denn Sympathie und Antipathie entscheiden über den positiven Fortgang des Verfahrens. Die Frage nach dem Wunschkind ist viel und oft diskutiert worden, nicht nur in den eigenen vier Wänden.

Hautfarbe, Geschlecht, Herkunftsfamilie, Kulturkreis, Alter und vieles mehr regen zum Nachdenken an. Hier geht es nicht einfach darum, irgendein Kind zu bekommen, hier geht es um Liebe. Gegenseitige Liebe, die wachsen können muss. Und da spielen die Voraussetzungen eine wichtige Rolle. Es ist eben wichtig seinen persönlichen Weg zu finden. Hinter was kann ich stehen, was kann ich leben? Wie viel Toleranz bringe ich tatsächlich mit? Selbstreflektion und Ehrlichkeit sind hier Grundvoraussetzungen.

Auch die verschiedenen Adoptionsformen waren ein zentrales Thema des Kurses. Ich darf nichts versprechen, was ich nicht halten kann. Sichere ich einer abgebenden Mutter nur aus Gefälligkeit und Egoismus Kontakt zu ihrem Kind zu, um vermeintlich schneller ans Ziel zu kommen, und kann dies nicht einhalten, ist es sinnvoller, den Sozialarbeitern gegenüber ehrlich zu sein. Hier geht es um unendlich großes Vertrauen. Vertrauen der Sozialarbeiter zu mir, der abgebenden Mutter zu den Sozialarbeitern und zu mir, und im Umkehrschluss von mir zu ihnen.

Der Vorbereitungskurs half mir auch, den Fragebogen des Jugendamtes richtig zu lesen und mit besserem Wissen und Herz zu beantworten.

Ich wurde in der Gruppe aufgefangen mit meinen Sorgen. Ich konnte auch mal schwach und traurig sein. Mir wurde Mut gemacht. Nicht hoffnungslos auf ein Kind zu warten, sondern aktiv zu werden. Ich lernte meine Rechte und Pflichten im Adoptionsverfahren kennen. Gesine Schanz erklärte uns Gesetze und Bestimmungen und riet uns, wie wir uns bestmöglich in der Kommunikation mit den Sozialarbeitern verhalten sollten. Hier war mir von Anfang an wichtig, offen und ehrlich zu sein. Das ist es auch, was ich Ihnen ans Herz legen möchte. Verheimlichen Sie keine elementaren Informationen und äußern Sie Ihre Bedenken laut. Wenn es auch mal kritisch wird, vergessen Sie nicht, dass es um Ihr Leben mit einem Kind geht. Es ist Ihr gutes Recht eine eigene Meinung zu haben.

## Der Kurs – eine Übersicht

Ein Vorbereitungskurs, wie ich ihn besuchen konnte, baut in verschiedenen Stufen aufeinander auf. Er besteht aus einem Doppel-Wochenendseminar oder aus mehreren Wochen mit jeweils einem Kursabend in der Woche.
In einer Gruppe von bis zu zehn Teilnehmern treffen die Personen, die gemeinsam über die gesamte Kurszeit den Kurs belegen, aufeinander. Hier geht es auch ein Stück weit um

die Gruppendynamik und die Herausforderung, offen und frei, vor bis dahin fremden Menschen, seine Problematik zu besprechen. Natürlich geht es zu Beginn um das gegenseitige Kennenlernen und die ungewollte Kinderlosigkeit.

Sinn ist auch, den Paaren – vorwiegend sind es Paare, die adoptieren möchten – dabei zu helfen, miteinander über dieses emotionale Thema zu sprechen, ein echtes Miteinander zu spüren, vor allem aber die Wünsche des Einzelnen zu definieren und zu schauen, ob überhaupt beide das Gleiche wollen. Steuert man gemeinsam auf ein Ziel zu oder fügt sich der eine dem anderen? Wie gut ist die eigene Unfruchtbarkeit verarbeitet? Wie gut kommt man mit der Kinderlosigkeit zurecht? Wie sicher ist der Wunsch, ein Kind fremder Eltern anzunehmen, tatsächlich? Wie gut funktioniert unsere Partnerschaft? Das sind die ersten Fragen, mit denen Sie sich auseinandersetzen sollten, und dabei sollten Sie ehrlich mit sich und Ihrem Partner umgehen.

In den nächsten Schritten werden grundlegende Fragen zum Thema Adoption eine Rolle spielen. Was wissen Sie bereits über Adoptionen? Was hat Sie dazu bewegt, sich für das Thema zu interessieren? Und wie stellen Sie sich das für sich vor? Der Kurs wird Ihnen eine Menge Wissen über die Formalitäten ihres Adoptionsweges vermitteln, aber auch zeigen, wie groß die Bedeutung der emotionalen Ebene ist. Dabei kommt es immer wieder zum Austausch in der Gruppe, sodass Sie die Chance haben, nicht nur mit Ihrem Partner zu reflektieren, sondern sich im Kreise Gleichgesinnter zu prüfen und zu schauen, wo Sie überhaupt stehen. Was macht

der Prozess, der damit in Gang gesetzt wurde, mit Ihnen?
Geht es Ihnen gut dabei? Ist es das, was Sie wirklich wollen?
Der Kurs wird Sie auch mal an Ihre Schmerzgrenze bringen.
Sicher ist diese Grenze von Teilnehmer zu Teilnehmer ver-
schieden, aber das Facettenreichtum der Thematik hält für
jeden etwas bereit.

Sie werden sensibel gemacht für die Fragen der Sozialarbeiter des Jugendamtes, lernen den Fragebogen richtig zu lesen
und erfahren einiges über die Vorgehensweise des Amtes.

Sie werden sich intensiv mit der Vorstellung zu Ihrem Kind
und der Frage, welche Form der Adoption Sie einmal wählen wollen, beschäftigen können. Sie erfahren aber auch
sehr wichtige Tipps und Kniffe zum besseren Vorankommen in Ihrem Verfahren.

Sie werden sich mit dem Thema der Adoptionspflegezeit
beschäftigen und mit dem, was danach kommt. Denn das
Thema Adoption hört nicht auf mit dem Tag der richterlichen Zustimmung und der Namensänderung Ihres Kindes.
Die Erziehung eines Adoptivkindes benötigt Ihr besonderes
Verständnis für die Thematik und die Sorgen, die dadurch
auf Sie als Familie zukommen.

Ich sage gerne, der Kurs ist mit einer Art Langzeitwirkung
versehen. Manche Komponenten werden Sie vielleicht erst
Jahre später tatsächlich verstehen. Das Wichtigste aber: Sie
werden nicht darum herumkommen, sich mit aller Intensität sich selbst, Ihrem Partner und dem Thema zu stellen.
Und das für circa 25 Euro Kursgebühr pro Person. Für Ihre
Entwicklung ist der Kurs einfach ein Geschenk.

# Der Fragebogen

## Nicht alles ist, wie es scheint

Der legendäre Bewerbungsbogen des Jugendamtes, der bundesweit in den verschiedensten Ausführungen zu finden ist, gehört zu den wichtigsten Unterlagen auf dem Weg zum Kind. Hier geht es nicht nur um die Angaben zu Ihnen als Eltern. Viele Fragen zum Kind, zur Herkunftsfamilie und zum allgemeinen Umgang mit dem Thema Adoption spielen eine wichtige Rolle.

Ich rate Ihnen, sich Zeit für Ihre Antworten zu nehmen. Versuchen Sie nicht, voreilig die Papiere auszufüllen und abzugeben. Ihr Verfahren wird sowieso ein wenig Zeit in Anspruch nehmen. Nutzen Sie diese Zeit auch für sich. Kopieren Sie sich Ihren Fragebogen mehrfach und starten Sie, wenn Sie Ihre Finger gar nicht ruhig halten können, mit einem ersten Versuch. Aber bitte geben Sie diese Zettel noch nicht ab. Heften Sie sich Ihre ersten Antworten in einer Arbeitsmappe ab. Im Zuge Ihres Adoptionsprozesses werden sich Ihre Gedanken und Meinungen sicher noch verändern. Schränken Sie sich selbst mit einer Abgabe nicht vorschnell ein. Die weiteren Unterlagen, die für Ihre Prüfung wichtig sind, können Sie selbstverständlich schon parallel besorgen. Auch hier gibt es kleine Abweichungen von Jugendamt zu Jugendamt.

## Welche Unterlagen sind einzureichen?

- Einen ausführlichen Lebensbericht mit Foto. Lebensbericht bedeutet in diesem Fall kein Lebenslauf, wie Sie es aus Bewerbungen für Stellenangebote gewohnt sind. Es geht um Fragen wie: Wie haben Sie Ihre Kindheit erlebt? Welche Art der Erziehung haben Sie genossen? Wie war Ihr Verhältnis zu Ihren Eltern und Geschwistern? Was haben Sie für einen Bildungsgrad? Welche Berufsausbildung haben Sie gemacht, und wie steht es um Ihre Berufstätigkeit? Wie sieht Ihre Freizeitgestaltung aus? Wie würden Sie Ihre Beziehung definieren? Wo liegt die Ursache für Ihre Kinderlosigkeit und wie gehen Sie mit diesem Thema um? Wann und wodurch ist Ihr Entschluss zur Annahme eines Kindes entstanden? Und wie stehen Ihre Verwandten und Freunde dazu? Je detaillierter Sie diese Fragen beantworten, desto besser wird das Verständnis für Sie als Person sein. Lassen Sie sich ins Herz schauen. Bei Paaren ist es wichtig, dass jeder Partner seinen Bericht tatsächlich selbst schreibt.

- Ein ärztliches Attest. Am besten von Ihrem Hausarzt, der Ihnen bescheinigen kann, dass Sie ein gesunder Mensch sind, dass Sie frei von ansteckenden und schweren Krankheiten sind und nicht mit beeinträchtigenden gesundheitlichen Problemen leben müssen.

- Das polizeiliche Führungszeugnis. Das können Sie über Ihr Ordnungsamt/Bürgeramt anfordern. Hier können Sie gleich noch um eine Meldebescheinigung mit einem Staatsangehörigkeitsnachweis bitten.

- Eine Verdienstbescheinigung Ihres Arbeitgebers oder eine Bescheinigung Ihres Steuerberaters über Ihre Einkünfte. Bei Paaren, wenn beide Partner Einkommen haben, sind auch beide Bescheinigungen vorzulegen.
- Nachweise Ihrer Verpflichtungen. Jegliche Schulden durch Hauskredite etc. sind offen zu dokumentieren.
- Ihre jeweilige Geburtsurkunde sowie ggf. Ihre Heiratsurkunde.

Sie sollten sich darauf einstellen, dass Ihr Jugendamt immer informiert werden möchte, wenn sich an Ihrem Status etwas ändert, wenn Sie berufliche, finanzielle oder persönliche Veränderungen vornehmen. Ja, Sie dürfen sich jetzt ein wenig durchleuchtet fühlen. Sie dürfen sich auch fragen, warum Adoptiveltern sich so sehr prüfen lassen müssen. Und Sie dürfen sich auch ärgern. Aber ändern werden Sie es nicht. Entweder sind Sie einverstanden mit dem Ablauf und bereit viel, sehr viel von sich zu zeigen, oder Sie brechen an dieser Stelle besser gleich ab. Es wird nicht weniger, das kann ich Ihnen verraten. Es lohnt sich aber, das möchte ich Ihnen hier auch mit auf den Weg geben.

# Die sieben wichtigsten Fragen

Nehmen wir uns jetzt der wichtigsten Fragen aus dem Fragebogen Ihres Jugendamts an. Ich möchte Ihnen hier allerdings keine Antworten oder gar Formulierungen in den Mund legen. Ich möchte Sie lediglich aufmerksam machen, Ihnen helfen, die so einfach erscheinenden Fragen aus der richtigen Perspektive zu lesen. Es ist wichtig, dass Sie ehrliche und authentische Antworten geben, das kann ich nicht oft genug wiederholen.

### *»Möchten Sie eine Inlands- oder Auslandsadoption durchführen?«*
Selbst bei einer Auslandsadoption wird ein Teil der Abwicklung über Ihr Heimatjugendamt laufen. Als Grundlage dafür dient das Haager Übereinkommen und die darin benannten Staaten. Der Kontakt zu Ihren Sozialarbeitern ist also in jedem Fall wichtig. Allerdings wird der Aufwand für Ihr Amt bei einer Auslandsadoption ein anderer sein. Nichts spricht gegen eine Inlandsadoption. Im Gegenteil. Seien Sie sich bitte nur ganz sicher bei Ihrer Entscheidung. So wissen die zuständigen Behörden gleich, dass sie enger mit Ihnen arbeiten werden und der Aufwand für die Sozialarbeiter höher sein wird.

Sie werden Ihre Sozialarbeiter als Ansprechpartner behalten und den Weg der Inlandsadoption gemeinsam gehen. Bei einer Auslandsadoption werden Sie wahrscheinlich über eine Agentur Kontakt zu Ihrem Wunschland aufnehmen und erst zum Abschluss der Adoption wieder in Kontakt mit Ihrem Heimatjugendamt kommen.

### »Welche Wünsche und Vorstellungen haben Sie hinsichtlich eines Adoptivkindes?«

Damit sind gemeint: Alter, Geschlecht, Staatsangehörigkeit, Herkunft, Geschwister, Zwillinge usw. Es ist gut, wenn Sie ausformulieren, was Sie sich vorstellen können. Hätte bei Ihnen auch ein Kleinkind oder ein älteres Kind eine Chance? Es sollte Ihnen bewusst sein: Je älter ein Kind ist, umso mehr an »Geschichte« bringt es mit. Es hat Bindungen aufgebaut, oft sehr schlechte Erfahrungen gemacht und braucht seine Zeit, um bei Ihnen anzukommen. Spuren der Herkunft werden nie ganz verblassen. Trauen Sie sich zu, vielleicht auch mit professioneller Hilfe (Psychologen, Ärzte, Jugendamt, Kinderschutzbund) einem solchen Kind Eltern zu sein. Selbst bei einem Säugling müssen Sie darauf gefasst sein, dass Ihr Kind seine Eingewöhnungszeit braucht. Sie bekommen ein Kind fremder Menschen anvertraut. Wenn Sie allerdings eine »Wunschliste« schreiben, die beispielsweise so aussieht: Kind sollte möglichst jung sein, blonde Haare haben und blaue Augen, am liebsten ein Mädchen sein und es mindestens schaffen, eine Realschule zu besuchen – überdenken Sie Ihren Adoptionswunsch sofort. Bei »Wünsch dir was« sind Sie hier nicht gelandet! Und das dürfen Sie auch nie vergessen! Selbst bei einer eigenen Schwangerschaft könnten Sie vorher keine Bestellung aufgeben. Weder Augen- noch Haarfarbe, Geschlecht oder Bildungsgrad können Sie festlegen, um Ihr »Traumkind« zu gebären. Und auch bei den »allerbesten Voraussetzungen« (genetisch) sind Sie vor Überraschungen nicht geschützt.

Beim Heranwachsen, in der Prägephase, ist dann Ihr Zutun gefragt. Und das ist eben auch ein wichtiger Bestandteil für das Leben mit einem Adoptivkind: Wie würden Sie Ihr Kind fördern wollen und können? Wenn es um die Frage nach der Herkunftsfamilie beziehungsweise nach der Staatsangehörigkeit geht, ist damit auch die Frage nach dem Kulturkreis und der Hautfarbe gestellt. Ein Kind aus einem völlig fremden Kulturkreis fordert von Ihnen eine große Bereitschaft, mit dieser Kultur umzugehen, sich damit auseinanderzusetzen. Auf der Suche nach seiner Identität wird es Ihr Kind sicher auch dort hinziehen. Damit ist nicht das einmalige Bereisen eines fremden Landes gemeint. Es wird vielleicht schauen wollen, wie gewisse Rituale bei seiner Herkunftsfamilie aussehen, möglicherweise Dinge ausprobieren wollen. Es wird vielleicht rein optisch schon hervorstechen, wenn Sie als Deutsche ein südländisches oder farbiges Kind aufnehmen. Sie müssen keine Angst haben, dass Ihr Kind Ihnen irgendwann in eine Ihnen unbekannte Welt vollkommen entflieht. Die Frage ist nur, wie tolerant und offen wären Sie. Wie gut könnten Sie Ihr Kind unterstützen? Vielleicht wird Ihr Kind auch nie das Bedürfnis haben sich zu orientieren, aber die Option dafür sollten Sie immer im Hinterkopf behalten. Schauen Sie sich verschiedene Kulturkreise an. Welche kämen für Sie in Frage, welche schließen Sie ehrlicherweise aus? Und denken Sie dabei auch an Ihr Kind. Kann es sich bei Ihnen wohlfühlen? Wird es auch im Kindergarten oder in der Schule seinen Platz finden können?

In seltenen Fällen kommt es zur Freigabe von Zwillingen oder Geschwisterkindern. Hätten Sie die Kapazitäten und Freude daran, zwei Kinder bei sich aufzunehmen? Könnten Sie sich vorstellen, Zwillinge als Säuglinge aufzunehmen? Hätten Sie eventuell Hilfe an Ihrer Seite? Oma, Opa, Tante?

»Welche Wünsche und Vorstellungen haben Sie zu einem Kind?«

Sie sehen, eigentlich eine kleine Frage aus Ihrem Fragebogen, doch von großer Bedeutung für Ihr gemeinsames Leben. Ich möchte hier einfach Ihre Sinne schärfen, dass Sie sich tief einlassen auf das Thema Adoption und nicht nur um des Komplettierens Ihres Familienbildes willen eine Adoption anstreben. Wenn Sie verstanden haben, die Fragen ihres Jugendamtes richtig zu lesen und zu verstehen, worum es dabei geht, werden Sie auch in der Arbeit mit den Sozialarbeitern einen interessanten Austausch erleben.

### »Können Sie sich vorstellen, ein behindertes Kind bei sich aufzunehmen?«

Lassen Sie die Frage kurz wirken. Wie würden Sie antworten? Leider ist es tatsächlich so, dass die meisten Jugendämter in ihrem Bogen keine Erklärung zu dieser Frage abdrucken. Ich habe im Zuge meiner Recherche zu diesem Buch mir einen Querschnitt diverser Fragebögen aus ganz Deutschland angesehen. Bei einigen wenigen habe ich eine Unterteilung der Frage gefunden, sodass Sie als angehende Eltern ein Verständnis für den Sinn bekommen können. Ohne dieses Verständnis würde die Antwort wahrscheinlich lauten: »Nein. Kein behindertes Kind.« Natürlich gibt es auch immer wieder Menschen, die sich berufen fühlen und sich sehr gut vorstellen können ein behindertes Kind zu betreuen. Aber nach meinem Wissensstand sind das die wenigsten. Denn woran denken Sie bei Behinderung? An ein Kind im Rollstuhl? An ein Kind mit Downsyndrom?

Schließen Sie aber Behinderung für sich komplett aus, hieße das, alle Kinder, auch die mit einer leichten Behinderung, möchten Sie nicht aufnehmen. Und da, bin ich mir sicher, gäbe es Behinderungsgrade, mit denen fast jeder Mensch umgehen kann.

Das Jugendamt teilt nämlich die Behinderung in Grade ein. Aus dem Fragebogen eines Jugendamtes mit Unterteilung zitiere ich:

1. Nicht ganz gesunde Kinder (zum Beispiel Allergien, Funktionsstörungen)
2. Sinnesgeschädigte Kinder (zum Beispiel sehbehindert, schwerhörig)
3. Körperlich behinderte Kinder
4. Verhaltensauffällige Kinder (zum Beispiel Kontaktprobleme, aggressives Verhalten, Distanzlosigkeit, Bindungsunfähigkeit)
5. Lernbehindertes Kind (Schul- und Lernschwierigkeiten)
6. Geistig behindertes Kind

Tauschen Sie sich mit den Sozialarbeitern darüber aus! Was können Sie sich als Eltern vorstellen? Wie genau definieren die Sozialarbeiter die unterschiedlichen Formen der Behinderung? Ein körperlich behindertes Kind kann ein Kind mit einem fehlenden Fingerglied sein. Es kann sich aber auch um ein körperlich schwer eingeschränktes Kind handeln. Schwerhörigkeit können Sie wieder unterteilen. Braucht das Kind ein Hörgerät? Sind beide Ohren betroffen? Wie zeigt sich das Krankheitsbild tatsächlich? Sehbehindert – geht es hier um leichtes Schielen oder um schleichende Erblindung? Genauso ist es mit der geistigen Gesundheit zu sehen. Wo geht es um mangelnde Aufmerksamkeit, wo braucht das Kind Unterstützung und fachliche Hilfe? Wo übersteigt das Bedürfnis des Kindes Ihre Fähigkeiten? Fragen Sie nach! Sprechen Sie mit den Sozialarbeitern. Oder formulieren Sie ganz genau, was im Bereich Ihrer Möglichkeiten liegt. Aus meiner Sicht ist die Frage nach der Aufnahme eines behinderten Kindes keine Frage, die nur mit einem schlichten »Ja« oder »Nein« zu beantworten ist.

**»Welche Auffälligkeiten in der Familie des Kindes
würden Sie beunruhigen? Warum?«**

Hier geht es um Sucht, Prostitution, Straffälligkeit, Geisteskrank-
heit oder schwere körperliche Krankheit. Nachdem Sie wahrscheinlich schon vielfach zu hören bekommen haben, dass Adoptivkinder alle schwierig sind und nur Probleme machen, wird
Sie diese Frage nicht gerade beruhigen. Die alten Weisheiten von
Außenstehenden, Bekannten und Freunden – Adoptivkinder sind
meistens Schwerverbrecher – wird mit dieser Frage nicht unbedingt revidiert. Es muss Ihnen aber klar sein, dass Kinder, die zur
Adoption freigegeben werden, meistens keine Kinder der Liebe
sind, die von einem Professor und einer gutaussehenden Sekre-
tärin aus »privaten Gründen« zur Adoption freigegeben werden.
Wenn ein Kind von seiner Herkunftsfamilie freigegeben wird, stehen immer Schicksale dahinter. Probleme, die für die abgebende
Seite nicht mehr zu bewältigen waren. Probleme, unter denen das
Kind zu leiden hätte. Ich habe größten Respekt vor der Entscheidung sein Kind freizugeben. Ich finde es auch sehr wichtig, nicht
abwertend über eine abgebende Mutter zu sprechen. Was auch
immer dahinter steht – das Kind hat mit der Freigabe zur Adoption die Chance auf eine verbesserte Lebenssituation bekommen.
Schließlich gibt es so viele Tragödien von getöteten Kindern, dass
jede Mutter, die sich aus der Not für eine Adoptionsfreigabe – für
das Leben des Kindes – entscheidet, eine gute Mutter ist.

Machen Sie sich bewusst, aus welchen Gründen Kinder zur
Adoption freigegeben werden. Mit welchen Gründen könnten Sie persönlich umgehen. Vergessen Sie auch nicht, dass Ihr
Kind einmal danach fragen wird. Ihr Kind wird wissen wollen,
warum es zur Adoption freigegeben wurde. Es wird vielleicht

Kontakt zur abgebenden Seite aufnehmen wollen. Es wird seine Geschichte hören wollen. Da sind wieder Sie gefragt. Können Sie sich vorstellen, Ihr Kind sensibel genug und altersgerecht an die Wahrheit heranzuführen? Oder auch zu entscheiden, Ihrem Kind gewisse Themen nicht zuzumuten?

Die Gründe der Abgabe, die in der oben genannten Frage formuliert sind, sind natürlich schwerwiegend. Es gibt aber auch andere Gründe: Freigaben von Säuglingen sehr junger Frauen, die sich ein Leben als Mutter noch nicht vorstellen können. Es gibt Freigaben aus finanziellen Gründen, von Menschen, die nicht genug zum Essen und Anziehen haben, die an der Armutsgrenze leben und ihrem Kind diesen Mangel ersparen möchten. Es gibt Freigaben, weil eine Frau außerehelich schwanger geworden ist und sie mit dem Kind die bestehende Ehe nicht belasten möchte. Es gibt auch Freigaben durch den Tod der Herkunftsfamilie. Und es gibt natürlich viele, viele Schicksale mehr, die zur Adoption führen können.

### »Wie stehen Sie zu der Aufnahme eines Kindes, dessen Herkunft ungeklärt ist?«

Hier geht es um unbekannte oder ungeklärte Vaterschaft, Kinder mit unklarem Migrationshintergrund, Findelkinder. Es ist nicht nur wichtig zu wissen, dass Ihnen vielleicht elementare Informationen zu Ihrem Kind fehlen – über Krankheiten in der Familie, Charaktereigenschaften, Aussehen und Veranlagungen jeglicher Art –, sondern auch Ihr Kind später Teile seiner Identität nicht in Erfahrung bringen kann. Es wird bei einem Findelkind zum Beispiel keine Herkunftsgeschichte geben, keine Mutter, keinen Vater, keine weiteren Angehörigen. Es wird nie ein Kennenlernen geben können. Kein Foto – einfach nichts. Können Sie sich vorstellen, Ihr Kind dann in einer Identitätskrise zu begleiten? Ihm Kraft zu geben und die Leere zu füllen, damit es trotz des nicht aufzulösenden Verlustes ein glücklicher Mensch werden kann?

### »Wie und wann werden Sie dem Kind vermitteln, dass es leibliche Eltern hat?«

Eine sehr wichtige Frage. Dass Sie Ihrem Kind seine Herkunftsgeschichte nicht verheimlichen dürfen, müssten Sie aus den vorherigen Kapiteln schon entnommen haben. Viele Adoptiveltern fragen sich allerdings nach dem richtigen Zeitpunkt. Den richtigen Zeitpunkt gibt es allerdings nie. Ich empfehle eine spielerische, altersgerechte Aufklärung. Meistens bekommen Sie die Vorlage für eine Aufklärung von Ihrem Kind selbst geliefert. Im Kleinkindalter ergeben sich die ersten Fragen wie zum Beispiel: »Mama war ich auch in deinem Bauch?« Ein Klassiker, auf den Sie ehrlich eingehen können. Mit einer Antwort wie: »Nein, mein Schatz – du bist in meinem Herzen gewachsen und bei einer anderen Mama im Bauch. Deiner leiblichen Mutter.« Sie können dann je nach Alter des Kindes und Ihrem Gespür für Ihr Kind erklären, wie es ist. Sie können Bauch- und Herzmama als Hilfsworte nutzen. Malen Sie Ihrem Kind eine Bildergeschichte, die es begreifen kann. Und seien Sie sich im Klaren, dass dann bald die »Warum-Fragen« kommen werden. Halten Sie sich an eine Geschichte, die Sie wiederholen können und bleiben Sie möglichst dicht an der Wahrheit. Mal ein verschönerndes Wort schadet dabei sicher nicht. Vermitteln Sie auch traurige Geschichten möglichst positiv. Alleine das Kind wissen zu lassen, dass seine leibliche Mutter Sie vielleicht als Herzmama/Herzpapa ausgesucht hat, verleiht der Geschichte schon eine bessere

Note. Auch für die abgebende Seite. Werten Sie die Herkunftsfamilie nicht ab. Schließlich findet Ihr Kind dort seine Wurzeln.
Sie verletzen es damit früher oder später nur.

Meine Tochter (sechs Jahre) möchte immer die Geschichte
hören, wie ich sie bekommen habe und wie ich ihre leibliche
Mutter kennengelernt habe. Und sie freut sich jedes Mal, wenn
die Mutter meines Sohnes zu Besuch kommt. Mein Sohn selbst
ist noch zu klein, um die Zusammenhänge zu verstehen, und es
interessiert ihn auch noch nicht. Er ist begeistert, wenn Marianne, seine leibliche Mutter, zu Besuch kommt, weil sie uns eine
Freundin ist. Er muss noch nicht verstehen, um was es dabei geht.
Aber die Selbstverständlichkeit, mit der wir das Thema Adoption leben, macht es hoffentlich »normaler«.

Am Ende entscheiden Sie selbst, wann Ihr Kind von seinen
leiblichen Eltern erfahren soll, aber ich rate Ihnen, damit nicht zu
warten, bis Ihr Kind volljährig wird. Sie wollen doch nicht, dass
Ihr Kind das Gefühl hat, mit einer Lüge aufgewachsen zu sein.

### »Können Sie sich vorstellen, die leiblichen Eltern Ihres Adoptivkindes kennenzulernen?«

Hier geht es um die Form der Adoption: inkognito, halboffene Adoption und offene Adoption (siehe »Die drei Formen der
Adoption« auf Seite 71). An dieser Stelle sei Ihnen noch einmal
ans Herz gelegt, wie wichtig die Herkunftsgeschichte und -fa-
milie für Ihr Kind sein wird. Sie als Eltern sollten möglichst viel
Toleranz und Vertrauen mitbringen. Niemand kann Sie dazu
zwingen, Kontakt zur abgebenden Seite zu pflegen, aber versuchen Sie, Angst, Eifersucht und Egoismus beiseitezuschieben,
um zum Wohle des Kindes zu entscheiden.

## Ein Musterfragebogen

Hier habe ich Ihnen einen Fragebogen, wie er üblicherweise bei Jugendämtern gereicht wird, beigefügt. Der Fragebogen kann von Amt zu Amt variieren, wobei die Essenz meistens die gleiche ist. Manche Jugendämter arbeiten mit ausführlicheren Fragestellungen, andere kürzer und knapper. Ich denke, es wird Ihnen helfen sich in aller Ausführlichkeit mit Ihrem Thema und den aufkommenden Fragen zu beschäftigen. Zudem dienen die Fragen als Gesprächsgrundlage, für die Gespräche mit Ihrem Partner und den Sozialarbeitern. Bei der Beantwortung der Fragen gibt es kein »richtig« oder »falsch«, sondern es geht darum Ihre persönliche Sichtweise kennenzulernen.

*Die folgenden Fragen beziehen sich auf die Entstehung Ihres Adoptionswunsches.*

1. Seit wann interessieren Sie sich für Adoption eines Kindes?
2. Wie sind Sie auf den Gedanken gekommen, ein Kind zu adoptieren?
3. Welche Erfahrungen haben Sie bereits mit dem Thema Adoption, und wie haben Sie sich informiert?
4. Kennen Sie Adoptivfamilien oder haben Sie von Adoptivfamilien gehört? Was ist Ihnen positiv oder negativ aufgefallen?
5. Kennen Sie abgebende Mütter, oder Familien die ihr Kind zur Adoption freigegeben haben?

*Für die Adoption eines Kindes gibt es verschiedene Gründe. Die folgende Frage betrifft Ihre persönliche Motivation.*

6. Warum möchten Sie ein Kind adoptieren?

*Die Aufnahme eines Adoptivkindes bringt viele Veränderungen mit sich.*

7. Was wird sich in Ihrem Leben wohl durch ein Kind verändern (Karriere, Partnerschaft, Freizeitgestaltung, soziale Kontakte)?

8. Welche Hoffnungen und Ängste haben Sie in Bezug auf die Adoption?

9. Was übersteigt Ihre Aufnahmebereitschaft bzw. die Belastbarkeit, die Sie sich und Ihrer Familie zumuten würden?

10. Wollen Sie nach der Aufnahme eines Kindes Ihre Berufstätigkeit einschränken oder aufgeben?

11. Wünschen Sie sich noch weitere Kinder (leibliche, Pflege- oder Adoptivkinder)?

12. Haben Sie Wünsche oder Befürchtungen im Hinblick auf das mögliche Adoptivkind?

13. Welche Erwartungen haben Sie im Hinblick auf die schulische und berufliche Ausbildung Ihres Kindes?

14. Welche Auffälligkeiten in der Herkunftsfamilie würden Sie beunruhigen (Straffälligkeit, Alkoholismus, Drogenabhängigkeit, Prostitution, geistige oder körperliche Krankheiten)? Warum?

*Ganz egal wie alt das Kind ist, es wird den Wechsel zwischen den Familien sicher mitbekommen.*

15. Wie wird ein Kind Ihrer Meinung nach darauf reagieren, und wie könnten Sie ihm helfen diese Situation bestmöglich zu überstehen?

16. Was glauben Sie, aus welchen Gründen Eltern ihr Kind zur Adoption freigeben?

17. Was wüssten Sie gern über die leiblichen Eltern bzw. die Herkunftsfamilie?

18. Wie stellen Sie sich das Leben einer abgebenden Familie vor (vor, während und nach der Adoptionsfreigabe)?

*Bei jeder Vermittlung muss auch das Risiko einer Rückführung des Kindes besprochen werden.*

19. Würden Sie auch dann ein Kind aufnehmen, wenn sich die leiblichen Eltern (noch) nicht endgültig dafür entschieden haben, ihr Kind zur Adoption freizugeben?

*Es gibt verschiedene Formen der Adoption.*

20. Ist es für Sie wichtig, dass die leiblichen Eltern nichts über den zukünftigen Aufenthaltsort des Kindes oder nähere Angaben zu Ihrer Person erfahren, also die Adoption inkognito erfolgt?

21. Könnten Sie sich eine Öffnung der Inkognito-Adoption vorstellen, z. B. durch Briefe, Fotos etc.?

22. Können Sie sich vorstellen, die leiblichen Eltern Ihres Kindes persönlich kennenzulernen?

23. Wie könnte eine solche Kontaktaufnahme aussehen? Was wäre Ihnen wichtig?

24. Was würden Sie den leiblichen Eltern gerne von sich erzählen?

*Mit dem richterlichen Beschluss ist eine Adoption noch lange nicht abgeschlossen. Eigentlich ist das erst der Anfang – ein Thema, das Sie und Ihr Kind nun ein Leben lang begleiten wird.*

25. Wie möchten Sie mit dem Thema Adoption dem Kind gegenüber umgehen?

26. Was könnte es für Sie bedeuten, wenn Ihr Kind später einmal seine leiblichen Eltern kennenlernen möchte?

27. Wie wollen Sie Ihr Kind unterstützen, damit es mit seiner Situation als Adoptivkind gut zurechtkommt?

28. Durch die Adoption werden Sie immer wieder an die eigene Kinderlosigkeit und an die leiblichen Eltern erinnert. Was bedeutet das für Sie?

29. Manche Adoptiveltern haben das Gefühl, sich für die Aufnahme eines Adoptivkindes rechtfertigen zu müssen. Andere beabsichtigen, die Tatsache zu verschweigen, dass sie ein Kind adoptieren wollen. Wie stehen Sie dazu?

*Die nächsten Fragen sind zu beantworten, wenn Sie
bereits Kinder haben.*

30. Wenn Sie an Ihre eigenen Kinder und an die
    Aufnahme eines Adoptivkindes denken, mit welchen
    positiven und negativen Veränderungen rechnen Sie?

31. Welche Hoffnungen und Befürchtungen haben Ihre
    Kinder in Bezug auf ein Adoptivkind?

32. Was könnte den Kindern dabei helfen, die neue
    Situation zu bewältigen?

*Die Adoption eines Kindes wird auch in Ihrem
Familien- und Bekanntenkreis für Meinungen sorgen.*

33. Wie schätzen Sie die Reaktionen Ihrer Umwelt
    (Nachbarn, Bekannte) auf die Adoption ein?

34. Wie steht Ihre Familie und Ihr Freundeskreis zu
    einem Adoptivkind?

35. Über welche Reaktionen freuen Sie sich, was
    ärgert Sie?

36. Sind Sie daran interessiert, mit anderen
    Adoptivfamilien Kontakt aufzunehmen?

# Eine Mutter sucht eine Mutter

## Ungewollt schwanger – was dann?

Marianne ist zum vierten Mal schwanger. Diesmal aber ungewollt. Nach der Trennung von ihrem Ehemann ist Marianne als alleinerziehende Mutter leider ins finanzielle Minus geraten. Marianne ist geflohen. Weit weg von ihrer Heimat und ihrem alten Leben. Jetzt muss sie mit ihren drei Kindern im Osten Deutschlands mit Hilfe von Hartz IV über die Runden kommen. Ihren neuen Freund hat sie noch nicht lange, doch der Mann fürs Leben ist er sicher nicht. Er will das Kind, das in Mariannes Bauch wächst, nicht haben. Marianne ist verzweifelt. Fast vierter Monat, und sie hat nichts von ihrer Schwangerschaft gespürt. Ohne diese Routineuntersuchung wüsste sie wahrscheinlich immer noch nicht, dass Leben in ihr wächst. Der Frauenarzt gibt ihr nur zwei Tage, um über Leben und Tod des Kindes – ihre Zukunft – zu entscheiden. Sehr verzweifelt sucht sie Rat bei ihrer Mutter, tauscht sich immer wieder mit ihr aus. Hier darf sie weinen, hier darf sie schwach sein. Für ihre Kinder muss sie schließlich die große, starke Mama bleiben. Ihre Gefühle fahren Achterbahn. Aber Marianne trifft eine Entscheidung: Sie will das Kind austragen, aber nicht behalten. Überzeugt von ihrem Weg aus dem Dilemma sucht sie das Jugendamt auf. In der Adoptionsvermittlungsstelle begegnet sie zum ersten Mal fremden Menschen, denen sie von ihrem Unglück erzählen will. Ein schwerer Gang. Beklommen nimmt sie in einem Raum mit zwei Frauen Platz. Marianne versucht entschlossen zu klingen und berichtet von dem Wunsch, das Kind, das langsam in ihrem Bauch wächst, zur Adoption freizugeben. Sie kann sich kein weiteres Kind leisten. Nicht finanziell, nicht physisch und auch nicht psychisch. Sie fühlt sich unendlich alleingelassen von ihrem Partner. Er streitet sogar ab, der Vater zu sein. Ein Satz – mehr als ein Vertrauensbruch für eine liebende Frau. Das Kind in ihrem Bauch soll leben, aber nicht bei ihr. Marianne möchte, dass es dem kleinen Wesen gut gehen wird. Sie wünscht sich nichts mehr als unendliche Liebe für ihr Kind.

Die Damen des Jugendamtes schildern der jungen Frau ihre Möglichkeiten, zeigen ihr andere Auswege auf. Sprechen von Pflegschaft für das Kind, von Alternativen, von Unterstützung im finanziellen Bereich, von Erziehungshilfe. Sie klären Marianne über den weiteren Fortgang auf. Doch Marianne ist geistesabwesend. Sie nimmt die vielen Angebote kaum wahr. Ihr Entschluss steht doch schon fest: Adoptionsfreigabe. Und eigentlich möchte sie nur nach Hause. Zu ihren Kindern.

# Herzmama gesucht

Wie vereinbart schaut Marianne immer mal wieder in der Adoptionsvermittlungsstelle vorbei. Bekräftigt ihren Entschluss zur Freigabe und bespricht die weitere Vorgehensweise. Ihr Bauch wächst. Sie als abgebende Mutter darf sich eine Mutter für ihr

Kind wünschen. Sie darf sich Eltern aussuchen. Sie kann den Sozialarbeitern sagen, was sie sich für ihr Kind vorstellt, wohin das Kind vermittelt werden soll, ob es in einer Stadt oder ländlich leben darf. Sollte es Geschwisterkinder geben oder lieber nicht? Was für eine Mutter stellt Marianne sich für ihr Kind vor? Wie soll das zukünftige Leben in etwa aussehen? Aus vielen, vielen Bewerbungen, teilweise mit Bildern, könnte Marianne wählen. Die Sozialarbeiter unterstützen sie mit ihrem Wissen zu all den geprüften Adoptivbewerbern. Marianne hat keine Wünsche. Nur eines ist ihr wichtig – Liebe. Ihr Kind soll zu Menschen kommen, die es von Herzen lieben können. Lieben – so, wie es einmal sein wird. Lieben – mit seiner Geschichte.

Als Marianne erfährt, dass eine Familie gefunden wurde, ist sie sehr froh. Sie wollte ihrem Kind eine Pflegschaft ersparen. Wollte nicht, dass es vielleicht von Familie zu Familie gereicht wird. Wollte, dass es einen festen Platz in einer Familie bekommt und dort ein hoffentlich glückliches Leben führen kann.

Gleich nach der Entbindung wird ihr Kind in den Armen seiner neuen Mama liegen. Die nötigen Vorbereitungen sind getroffen, alle Papiere ausgefüllt.

Die Nacht zum 24. Dezember 2007 ist ungemütlich und kalt. Eine Front mit Eisregen zieht von Westen her über Deutschland und in Halberstadt bleiben die Temperaturen weit unter dem Gefrierpunkt. Wegen der hohen Luftfeuchtigkeit sind die Bäume mit Reif überzogen, und im nahen Harz fällt Schnee. Mariannes Familie hat die Heizungen in dem alten Plattenbau ganz aufgedreht, sodass es gemütlich und fast ein wenig überhitzt in der 3-Zimmerwohnung ist. Die beiden Hunde schlafen auf ihrer Decke im

Flur, die drei Kinder sind spät ins Bett gegangen, und die Oma hat es sich auf der Couch gemütlich gemacht. Sie ist aus Bayern angereist, weil die Geburt ihres vierten Enkelkindes kurz bevorsteht. Mariannes Arzt hat die Silvesternacht als Termin errechnet.

Aber Marianne hat das Gefühl, dass sich das Baby nicht an die Terminvorgaben halten wird. Es strampelt in ihrem Bauch. Unruhig läuft sie in der Wohnung hin und her, trinkt ein Glas Wasser in der Küche, prüft noch einmal den Inhalt der schwarzen Reisetasche, die sie für die Geburt im Krankenhaus bereitgestellt hat, richtet einen der Goldpapiersterne am Weihnachtsbaum neu aus, streichelt die Hunde, guckt nach den Kindern. Und die ganze Zeit horcht sie in sich hinein und spürt das stechende Ziehen, das sie schon kennt von der Geburt der älteren Kinder.

Gegen zwei Uhr morgens entwickeln sich aus dem Ziehen die ersten Wehen. Sie sind schmerzhaft, aber Marianne weiß, dass dies erst der Anfang ist. Später werden die Schmerzen unerträglich sein und im gleichen Moment einem Glücksgefühl Platz machen, das größer und gewaltiger sein wird als alles andere.

## Die Geburt

Draußen ist der Wind aufgefrischt und feine Eiskristalle bedecken die Scheiben. Marianne trinkt noch einen heißen Kakao, bevor sie ihre Mutter weckt.

»Mama, ich glaube es ist so weit.« Dann ruft sie das Taxi. Im Krankenhaus wird sie aufgefordert, sich in einen Rollstuhl zu setzen. Nach Erledigung der Formalitäten schiebt eine Schwesternhelferin sie auf die Entbindungsstation. Es ist angenehm hier, die Wände sind in einem matten Terrakotta-Farbton gestrichen, entspannende Musik kommt aus versteckten Lautsprechern und ein Hauch von Rosenduft liegt in der Luft. Marianne schaut sich um und entdeckt die Aromakerzen auf einem Fensterbrett.

Unterdessen kommen die Wehen in regelmäßigen Abständen und mit zunehmender Intensität. Einige sind so stark, dass Marianne scharf die Luft einziehen muss, um die Schmerzwellen wegzuatmen. Die diensthabende Hebamme stellt sich vor, um mit Marianne den Ablauf der Geburt zu besprechen. Es handelt sich um eine ältere und offenbar erfahrene Frau. Das macht es Marianne leichter, ihr zu sagen, was sie nun sagen muss.

»Ich werde mein Kind unmittelbar nach der Geburt zur Adoption freigeben. Das ist mit dem Jugendamt so besprochen.«

Sie reicht der Geburtshelferin ein Blatt Papier mit der Telefonnummer der zuständigen Sozialarbeiterin.

»Bitte rufen Sie dort an, wenn mein Sohn da ist. Ich werde ihn nicht stillen und nach der Entbindung schnell nach Hause zu meinen anderen Kindern zurückkehren. Das Baby soll hier auf der Geburtsstation bleiben, bis es von seinen neuen Eltern abgeholt wird.«

Wahrscheinlich hört die das auch nicht jeden Tag, denkt sich Marianne, während sie die Hebamme beobachtet. Aber die ältere Frau reagiert gelassen.

»Natürlich«, sagt sie, »ich habe das schon öfter gemacht.«

Diese Professionalität beruhigt Marianne. Sie hat sich die Entscheidung nicht leicht gemacht. Jetzt horcht sie in sich hinein und versucht zu spüren, ob es noch letzte Zweifel gibt. Aber sie empfindet nur den Wunsch, die Schwangerschaft gut zu Ende zu bringen – und dann nach Hause zu gehen. Zu ihrer Familie. Das Kind in ihrem Bauch gehört nicht dazu.

Liebe ich dieses Kind?, fragt sie sich. Ja. Möchte ich dieses Kind behalten? Nein. Muss ich deshalb ein schlechtes Gewissen haben? Nein. Dieses »Nein« wiederholt sie noch einmal, laut, klar und deutlich. Die Hebamme blickt irritiert von ihren Papieren auf, dann lächelt sie.

Inzwischen ist es vier Uhr morgens, und Marianne steht in einem weißen Krankenhauskittel vor dem Kreissaal. Sie hat in warmem Wasser gebadet und sich dabei so sehr entspannt, dass die Entspannung auch das Baby in ihrem Bauch erfasste. Jedenfalls hat es sein Gestrampel nun eingestellt und verhält sich plötzlich sehr unauffällig. Auch die Wehen kommen unregelmäßiger und bald darauf gar nicht mehr.

»Ist das normal?«, fragt Marianne.

»Ja«, sagte die Hebamme, »das Normale an den meisten Geburten ist, dass sie nie ganz normal sind. Aber dass die Wehentätigkeit zwischendurch nachlässt, ist nun wirklich nichts Außergewöhnliches.«

Mariannes Entspannung aus der Badewanne ist trotzdem wie weggeblasen. Sie will nicht, dass die Wehentätigkeit nachlässt. Sie will keine Zeitverzögerung. Sie will das Baby jetzt bekommen – und dann nach Hause gehen.

»Marschieren Sie«, sagt die Hebamme, »bewegen Sie sich. Das hilft meistens.«

Und so marschiert Marianne auf und ab und auf und ab. Von der Duftkerze in der einen Ecke des Entbindungsraumes zum Bett in der anderen Ecke – und zurück. Dabei stützt sie mit beiden Händen ihren Bauch, der ihr jetzt von Minute zu Minute monströser vorkommt. Wie lang habe ich eigentlich meine Füße schon nicht mehr gesehen?, fragt sie sich und muss grinsen.

Als es an der Tür klopft und ihre beste Freundin eintrifft, um sie bei der Geburt zu unterstützen, haben die Wehen bereits wieder eingesetzt. Und dann geht es schnell.

Marianne liegt auf dem Bett. Ihre Hände krallen sich in die Hände ihrer Freundin. Ihre Beine sind weit geöffnet. Die Hebamme kauert dazwischen. Die Schmerzwellen der Wehen rauben ihr fast die Besinnung. Sie atmet dagegen an und presst, wenn die Hebamme sie dazu auffordert. Atmen, pressen, atmen, pressen, atmen, pressen. Marianne hat das Gefühl, als würde ihr Unterleib von innen zerrissen, so gewaltig ist der Schmerz. Nach der Geburt der anderen Kinder hat sie versucht, dieses Gefühl zu beschreiben, aber es ist ihr nie gelungen, die richtigen Worte zu finden.

Und plötzlich ist der Schmerz weg. Und das Kind ist da.

»Es ist ein Junge«, sagt die Hebamme. »Herzlichen Glückwunsch. Ein kerngesunder Junge.«

Routiniert wird die Nabelschnur durchtrennt, der erste medizinische Check vorgenommen und das Kind mit warmen Tüchern umhüllt. Dann wird es weggebracht. Neun Monate hat Marianne es unter ihrem Herzen getragen. Jetzt fühlt sie sich leer und allein. Leer und allein, aber doch nicht unzufrieden. Sie hat eine Entscheidung getroffen, die nicht leicht war.

»Aber es war richtig«, flüstert sie.

Drei Stunden später packt sie ihre Habseligkeiten in die schwarze Reisetasche und geht nach Hause. Zurück in ihr altes Leben – ohne ihr Baby.

# Zwischen Herz und Verstand

Marianne ist eine starke Frau. Direkt nach der Entbindung ihres vierten Kindes kehrt sie zurück, ohne ihr Baby. Nach Hause. Zu ihren anderen drei Kindern, um mit ihnen das Fest der Liebe – Weihnachten – zu feiern. Den Weg dorthin nimmt sie bewusst zu Fuß auf sich. Sie braucht frische Luft, um klare Gedanken fassen zu können. Ihr Herz ist unendlich traurig. Sie hat gerade ein Stück von sich zurückgelassen. Jetzt braucht sie eine starke Schulter, einen Menschen, der ihr hilft, den Schmerz zu verarbeiten. Doch sie geht ihren Weg alleine. Ganz alleine. Marianne weiß, wenn sie die Schwelle ihrer Wohnung betritt, muss sie funktionieren. Keine Emotionen, keine Gefühlsausbrüche vor den Kindern, die ihre Entscheidung, das Baby zur Adoption freizugeben, sowieso schon oft im Vorfeld kritisiert hatten. Zum Glück ist ihre Mutter aus Bayern noch ein Weilchen an ihrer Seite. Eine Stütze auf vielen Ebenen. Eine gute Mutter eben. Marianne zweifelt an sich. Ist sie selbst etwa eine schlechte Mutter? Hat sie das Falsche getan? Hat sie ihr Kind jetzt im Stich gelassen? Marianne rinnen unzählige Tränen über ihr Gesicht. Schritt für Schritt kommt sie ihrem Wohnviertel näher. Ihr Körper ist noch immer erschöpft von der Entbindung. Langsam sollte sie ihre Maske überstreifen. Gleich werden sich ihre Kinder freuen sie wiederzusehen und mit ihr Weihnachten feiern wollen. Marianne schluckt noch einmal den Schmerz bewusst herunter und wischt sich ihre Tränen aus dem Gesicht. Das alte Taschentuch aus ihrer Hosentasche tut auch seinen Dienst, und schon fühlt sich die junge Mutter im »Funktioniermodus«.

Als sich die Tür zu ihrer Wohnung öffnet, stürmt eine wilde Bande auf sie zu, gefolgt von der Oma, die mit einem schnellen Blick in die Augen ihres Kindes die Gefühle ihrer Tochter erkennt. Doch sie ist sensibel genug sich vor den Kindern nichts anmerken zu lassen. Ihre Lieblinge in den Armen überkommt Marianne auch schon die erste große Welle. Sie muss unweigerlich an ihren neugeborenen Sohn denken, der nun alleine auf der Intensivstation liegt und auf seine neue Mutter wartet. Wieder steigen Tränen auf, die sie nun aber nicht mehr zulassen darf. Marianne versucht schnell ins Tagesgeschehen einzusteigen und beginnt den Ablauf der »fröhlichen« Weihnacht zu planen und sich mit Belanglosem zu beschäftigen. Ablenkung, ein wichtiges Schutzschild.

So und ähnlich verlaufen die nächsten Wochen und Tage. Immer wieder erinnert sie die Nähe ihrer Kinder an das Baby, das nun das Kind einer fremden Frau geworden ist. Marianne wird über das Jugendamt informiert. Ihr Sohn ist in seinem neuen Zuhause angekommen und es soll ihm gut gehen. Eine tröstliche Information. Langsam, ganz langsam verblasst der akute Schmerz, doch die unbeschreibliche Leere scheint wie eingebrannt auf ihrer Seele zu liegen. Marianne ist besser geworden im Funktionieren, doch den bohrenden Fragen ihrer Kinder kann sie nicht länger ausweichen. Ihr großer Sohn ist wütend. Er hätte sich so sehr einen Bruder gewünscht. Er kann nicht verstehen, dass seine Mutter ihr Baby weggegeben hat. Die große Tochter stellt ihre kritischen Fragen wieder und wieder: »Dann hättest du mich ja auch weggeben können. Willst du uns vielleicht noch weggeben? Hast du das Baby nicht lieb gehabt, hast du uns noch lieb?« Marianne versucht den Kindern ihre Not zu erklären, bekundet immer wieder ihre Liebe zu ihnen. Sie hofft so sehr auf einen Funken Verständnis und darauf, dass ihre Kinder vielleicht später einmal verstehen werden, was sie bewegt hat. Marianne muss stark bleiben.

Oft weint sich Marianne nachts alleine in den Schlaf. Es ist nicht nur der große Verlust, es sind die vielen kleinen emotionalen Spitzen von außen. Das Gefühl, niemanden zu haben, der sich für ihre Gedanken interessiert. Es ist die emotionale Erschöpfung. Ein Tal, in dem die junge Frau steckt. Marianne setzt auf die Zeit. Zeit heilt doch alle Wunden? Trotz aller Trauer und auch der Anfeindungen von außen bereut Marianne ihre Entscheidung nicht. Sie hätte aus ihrer Sicht nicht gut für den kleinen Mann sorgen können. Sie wollte ein anderes Leben für ihn. Es mag verrückt erscheinen, bei all dem Leid über seinen Verlust. Aber im Grunde wünscht sich Marianne jetzt nur Frieden in ihrer kleinen Familie und Liebe, unendliche Liebe für ihren Sohn, der da draußen ist, irgendwo in der Welt.

Über das Jugendamt bekommt Marianne einen Brief. Es ist mein Brief. Ich bedanke mich für das große Vertrauen, das Marianne mir entgegenbringt, und das unendlich wertvolle Geschenk, das sie mir mit dem kleinen Wesen gemacht hat. Marianne ist berührt. Die Zeilen bedeuten Freude und Trauer zugleich. Die Erinnerungen an Schwangerschaft, Geburt und ihren einsamen Weg nach Hause kommen wieder hervor. Ein paar Fotos ihres Kindes stecken mit in dem Umschlag. Zaghaft zieht Marianne die Bilder hervor. Der kleine Tyee mit seiner Adoptivschwester. Er strahlt so glücklich. Marianne sieht die Fotos an und lächelt. Sie spürt, dass es ihm gut geht.

Damit fühlt sie sich besser. Die Unterschrift, die sie beim Notar zur Freigabe des Kindes gerade gegeben hat, ist das Richtige gewesen. Und dass sie ihren Sohn wiedersehen wird, weiß Marianne auch schon. Sie hatte mit den Sozialarbeitern des Jugendamtes vereinbart, zu gegebener Zeit zum Kontakt bereit zu sein. Ich zeige ihr in meinem Schreiben offen und herzlich meine Bereitschaft für einen wachsenden Kontakt zwischen unseren beiden Familien. Marianne hat das Gefühl, erste zarte Schritte zurück in ein fröhlicheres Leben gehen zu können. Die Wunde, die in ihrem Herzen klafft, darf heilen.

## Mutter in Not

Wenn eine Frau ungewollt schwanger wird, ist sie oft auf sich allein gestellt. Hilflos und völlig überwältigt von der Situation fällt es den meisten Frauen schwer, für sich und das ungeborene Leben eine richtige Entscheidung zu treffen. Es ist ausgesprochen wichtig, dass Frauen, die in eine solche Not geraten, aufgefangen werden und sich austauschen können. Hier ist fachliche Beratung von größter Bedeutung. Damit aus einer Schocklage nicht eine Fehlentscheidung getroffen wird, die ein ganzes Leben nachwirkt. Frauen, die abgetrieben oder ihr Kind weggegeben haben, leiden oft lange darunter. Es ist wichtig, sich als Betroffene Wege aufzeigen zu lassen, weil man sie meistens in der Situation nicht sieht. Wie auch immer sich die Frau aber letztendlich entscheidet, kein anderer Mensch hat das Recht, darüber zu urteilen.

Oft werden Mütter, die ihre Kinder zur Adoption freigege-
ben haben, schief angesehen. Einfach verurteilt.
Mein persönliches Anliegen ist es, um Respekt für diese
Frauen zu bitten. Nein, mehr noch, darauf zu bestehen!
Eine Frau, die sich zur Adoptionsfreigabe ihres Kindes entschieden hat, hat auch aus einem Mutterinstinkt gehandelt.
Sie liebt ihr Kind auf ihre Weise und hat zum Wohle des Kindes entschieden. Manchmal lassen es die Lebensumstände
einfach nicht anders zu, und eine Frau die ihr Kind neun
Monate unter dem Herzen trägt und nicht tötet, sondern
einen geeigneten Platz für das Kind sucht, geht fürsorglich
mit ihrem Kind um. Auf ihre Art.
Es gibt Situationen im Leben, in denen eine Frau Hilfe
braucht. In denen sie nicht klar denken kann oder schlichtweg überfordert ist. Es ist dann wichtig, sich professionellen
Rat zu holen, um den besten Weg aus dem Schlamassel zu
finden – den für einen selbst passenden Weg.
Unterstützung gibt es über Institutionen, die sich mit den
Problemen der Frauen bestens auskennen und ehrliche Un-
terstützer sind. Im Anhang (Seite 180 ff.) finden Sie dazu die
wichtigsten Adressen.

# Ich werde Mutter

## Der Anruf

Es war einer dieser Tage, an denen ich nicht damit gerechnet hätte. Ich kam gerade von einem Heilpraktiker, stieg in meinen Wagen und wollte die 150 Kilometer, die ich für den Besuch bei diesem Mann auf mich genommen hatte, Richtung Heimat starten, als ich einen verpassten Anruf auf meinem Mobilfunkgerät entdeckte. Mit schnellen Fingern löste ich die Tastatursperre und war mehr als überrascht, als die Nummer meines Heimatjugendamtes auf dem Display unter »Anrufe in Abwesenheit« angezeigt wurde. Plötzlich beschleunigte sich mein Herzschlag. Ich tippte nervös auf den Tasten herum, um sofort meinen Rückruf zu tätigen. Was konnten die Damen vom Amt von mir wollen? Gab es ein Problem, oder war das etwa *der* Anruf, und ich hatte ihn auch noch verpasst? Zu meinem Erstaunen hatte ich die zuständige Sachbearbeiterin direkt am anderen Ende der Leitung. Normalerweise war es nicht einfach, die Sozialarbeiterinnen ans Telefon zu bekommen. Das Arbeitsaufkommen war sehr hoch, und die Damen waren immer eingespannt. Aber dieser 7. Januar war einfach mein Glückstag, wie sich später herausstellen sollte. Die Dame war sehr erfreut über meinen Rückruf und erzählte mir von meiner Möglichkeit, Mutter zu werden. Sie fragte mich, ob ich mir vorstellen könnte, ein kleines Mädchen von acht Wochen bei mir aufzunehmen. Allerdings würde mich die leibliche Mutter erst gerne kennenlernen und auch ihre Mutter mitbringen wollen. Es drehte sich alles in meinem Kopf. »Ein Säugling, ein Mädchen, die Mutter treffen und das in zwei Tagen beim Jugendamt.« Dann wurde ich von der zuständigen Sozialarbeiterin noch gebeten, meine Mutter mitzubringen. Irgendwie schien das ein Frauentreffen zu werden. Mir war jedoch nicht ganz klar, ob ich nun bereits als zukünftige Mutter ausgesucht wurde oder ob ich mich bei besagtem Treffen noch zu bewähren hatte.

Nachdem unser Gespräch beendet war, schrie ich vor Freude ein »Ja« aus mir heraus. Auch wenn es noch kein endgültiges Okay für mich gab, so war ich meinem Traum von einem Kind schon einen riesigen Schritt näher gekommen. Tränen der Freude liefen mir übers Gesicht. Aller Schmerz und alle Verzweiflung der letzten Jahre wandelten sich in diesem Augenblick in pure Freude. Überschwänglich griff ich erneut zum Telefon und rief meine Mutter an. Mich überkam eine Welle der Emotionen. Schluchzend vor Glück berichtete ich ihr von meinem Gespräch mit dem Jugendamt und von der Bitte, dass sie mich in zwei Tagen zum Amt begleiten möge. Wie in einem Rausch fuhr ich nach Hause. Ich hatte nur noch einen Gedanken: meine Tochter.

Besonders gut konnte ich vor lauter Aufregung in der Nacht vor meinem Termin beim Amt nicht schlafen. Irgendwie war die große Freude wieder der Nervosität und der Angst gewichen. Der Termin, der mir bevorstand, hatte so etwas wie Prüfungsangst bei mir ausgelöst. Würde mich die leibliche Mutter überhaupt mögen? Wäre ich gut genug für sie? Was erwartete sie von mir? Ich wusste nicht viel über die abgebende Mutter des kleinen Mädchens, das zur Adoption freigegeben werden sollte. Nur, dass sie sehr jung sei und gemeinsam mit ihrer Mutter noch ein paar Fragen an mich hätte. Was wäre, wenn wir uns nicht verstehen würden? Ich fühlte mich wie bei einem dieser unzähligen Castings, die ich in meinem Leben schon hinter mich gebracht hatte. Nur ging es diesmal nicht um einen gut bezahlten Modeljob. Hier ging es um mein Leben. Mein Leben als Mutter. Selbst bei der Wahl meiner Kleidung für dieses wichtige Treffen spürte ich leichte Verunsicherung. Ich wollte nicht zu jugendlich erscheinen, weil ich schließlich auch eine »Oma« überzeugen musste. Ich wollte aber auch der jungen Mutter ein Gefühl von meiner lockeren und jungen Art vermitteln. Nicht zu spießig sein und nicht zu cool erscheinen. Es war fatal. Schließlich ist der erste Augenblick wichtig, wenn nicht sogar entscheidend. Und du bekommst niemals einen zweiten ersten Augenblick geschenkt.

Ich trug meine Lieblingsjeans von Pepe, ein Sweatshirt, Turnschuhe und eine sportliche Lederjacke. Meine langen Haare hatte ich locker zu einem Pferdeschwanz gebunden und auf eine große Maskerade verzichtet. Eine Fotokamera und ein paar Bilder unserer Familie hatte ich in meiner Tasche. Sollte ich wirklich als Mutter ausgewählt werden, wollte ich, so wie ich es im Kurs gelernt hatte, ein Bild der leiblichen Mutter machen, um eine Erinnerung auch für mein Kind zu haben.

Pünktlich um 15 Uhr hatten meine Mutter und ich den Raum

der Adoptionsvermittlung erreicht, dort wartete bereits die Sozialarbeiterin auf uns. Sie begrüßte uns herzlich und machte ein hoffnungsvolles Gesicht. Wir nahmen auf dem kleinen Sofa Platz, als die Tür erneut aufging. Ich erkannte die junge Mutter sofort. Ein hübsches, hochgewachsenes Mädchen. Gefolgt von ihrer Mutter betrat sie das Zimmer. Die »Oma« machte einen ebenso sympathischen Eindruck wie ihre Tochter und sah auch noch recht jung aus. Nach einer kurzen Begrüßung saßen wir nun in einer Runde. Recht schnell begann die Mama der jungen Mutter mich einiges zu fragen: über mein Leben, meine Vorstellungen und meinen Glauben. Es wurde ein herzlicher Austausch. Plötzlich und ziemlich unvermittelt zog die junge Frau ein Foto aus ihrer Handtasche. Ein Bild eines Neugeborenen. Sie zeigte mir das Bild und sagte dann: »Das ist die Kleine, jetzt bist du die Mama.« Zuvor hatte sich das Mädchen sehr zurückgehalten, kaum etwas gesagt und nun schenkte sie mir ihr Kind. Wir fielen uns in die Arme und weinten beide. Dieser fremde Mensch war mir auf einmal so nah. Und machte mir dieses unendlich große Geschenk. Unweigerlich mussten auch meine und ihre Mutter weinen. Ich glaube, selbst die Sozialarbeiterin war gerührt in diesem Moment. Dann gab es eine Runde Taschentücher zum Tränentrocknen und irgendwie war es eine herzliche, befreiende und tief berührende Atmosphäre. Doch nach aller Emotionalität mussten noch die nötigen Fakten für die Abwicklung der Adoption besprochen werden. Ein Foto habe ich im Amt nicht gemacht. Die abgebende Mutter versprach mir, eines zu schicken, und wir planten in Kontakt zu bleiben. Es war so surreal. Ich war gerade Mutter geworden. Im Jugendamt. Meine Tochter lebte zu dieser Zeit in einer Pflegefamilie. In wenigen Tagen sollte ich sie dort abholen. Bis dahin gab es eine Menge zu tun. Ich hatte weder ein Kinderbett, einen Kinderwagen noch Kleidung oder überhaupt irgendetwas für mein Kind zu Hause.

In Hochgeschwindigkeit organisierte ich alles, was unser neues Familienmitglied zu seinem guten Start brauchte. Die Tatsache, dass ich noch zwei, drei Tage mit in der Pflegefamilie leben würde, um dort meine Tochter kennenzulernen, machte mich etwas unsicher. Wieder traf ich auf wildfremde Menschen, die ohne mein Zutun involviert waren in mein Mutterglück. Aber es war der Endspurt.

Eine nette Pflegefamilie hatte die kleine Amadea, so habe ich mein Mädchen getauft, nach ihrem Krankenhausaufenthalt bei sich aufgenommen. Dass Säuglinge in der Achtwochenfrist zu Pflegefamilien kommen, ist keine Seltenheit. Jetzt, wo Amadeas leibliche Mutter mich ausgewählt hatte und die nötigen Formalitäten erledigt waren, musste allerdings die Pflegefamilie Abschied nehmen.

Ich erinnere mich genau an unsere erste Begegnung. Die Pflegemutter hatte Amadea auf dem Arm. Sie war komplett in rosa gekleidet und hatte diesen dunklen Flaum auf dem Kopf. Ich musste schmunzeln. Meine Freude an Rosa hält sich nämlich in Grenzen und ich hatte mir vorgenommen, bestimmt kein rosa Baby zu haben. Jetzt hatte ich eins. Ich bekam das Bündel Leben in meine ausgestreckten Arme gelegt und war sofort verzaubert. Sie roch so gut. Der Duft von Baby stieg in meine Nase, und ihre Haut war so zart. Die kleine Stupsnase und die winzigen Händchen! Ich staunte. Ein echtes Wunder! Amadea schlief. Ab und zu öffnete sie mal ihre Äuglein, um dann aber gleich wieder einzuschlummern. Ich küsste vorsichtig ihre Wange und versprach ihr leise, ganz bald endlich nach Hause zu fahren.

## Ein Jahr Mutter auf Probe

Endlich fuhr ich in unsere Einfahrt. Ein letztes Mal sah ich mich prüfend zur Rückbank um. Amadea hatte ich dort in ihrem Maxi-Cosi befestigt. Ihre Augen waren geschlossen, und sie sah sehr friedlich aus. Das gestreifte Mützchen war tief ins Gesicht gezogen und die kleinen Füße hatte ich mit extra dicken Wollsocken versehen. Ich parkte den Wagen, drehte den Schlüssel um und atmete tief ein. Da waren wir also. Zuhause. Meine Mutter, die mich wieder begleitet hatte, begann bereits unser Gepäck ins Haus zu tragen, als ich die kleine Maus vom Sitz abschnallte und sie voller Stolz aus dem Wagen holte, um sie meinem Vater zu zeigen.

Jetzt war ich also auf mich allein gestellt. Freudig richtete ich in der Wohnung, die ich in unserem großen Fachwerkhaus bewohnte, Amadeas Sachen her. Dabei ließ ich meine Tochter kaum aus den Augen. Ich hatte keine rechte Vorstellung davon, wie mein Tagesablauf nun sein würde. Ich wusste nicht, was tatsächlich auf mich zukam. Und dann passierte es auch schon: Amadea fing an zu schreien. Ich hatte wohl von ihrer Pflegemutter einige Tipps bekommen und auch erfahren, dass sie kein leises Kind sei, aber was mir jetzt widerfuhr, war meine Feuertaufe. Meine Tochter wurde immer lauter und lauter. Ich nahm sie auf den Arm, herzte und schunkelte sie, sprach sanft auf sie ein, dass ich doch bei ihr sei. Ich sang Kinderlieder, versuchte sie zu beruhigen, aber nichts half. Sie schrie und schrie und schrie. Dabei fing sie an rot zu werden und zu schwitzen. Ich versuchte es mit dem Fliegergriff, lief mit dem Kind über meinem Arm von einem Zimmer zum nächsten und zurück. Nichts brachte sie zur Ruhe. Langsam stieg in mir die Panik auf. Wie sollte das nur ausgehen? Wie sollten erst die Nächte werden? Ich rotierte. Vielleicht war die Hose voll? Ich kontrollierte die Windel des immer noch schreienden Säuglings. Meine Hände zitterten. Nervös grub ich mich durch die vielen Kleidungsschichten. Doch nichts. Daran lag es nicht. Vielleicht hatte sie Hunger? Ich sah auf die Uhr. Noch keine Zeit für eine Flasche. Egal – ich musste etwas tun. Dieses Geschrei machte mich wahnsinnig. Nicht zu wissen, was ihr fehlte, war das Schlimmste. Ich spürte ihre Unruhe. Angst. Ihre verzweifelten Schreie. Ich bat meine Mutter um Hilfe. Nicht mal zwei Stunden war meine Tochter in meiner Obhut, in meinem Haus, da wusste ich schon nicht mehr weiter. Was für ein Start in ein gemeinsames Leben! Irgendwann hatte sich die Kleine wahrscheinlich aus Müdigkeit endlich beruhigt. Eine Flasche wollte sie auch nicht. Ich trug sie immer noch auf meinem Arm, als sie mit dem Kopf an meinem Herzen einschlief. Gerade mal acht Wochen alt und schon zweimal umgezogen. Wie sollte dieses Kind denn in sich ruhen und friedlich sein? Ich hatte Mitgefühl mit ihr. Ich versprach ihr, immer für sie da zu sein. Ich hatte mir diesen Augenblick lange herbeigesehnt und nun war er Wirklichkeit geworden. Ein kleines Wesen, das meine Fürsorge und Liebe brauchte, ein unschuldiges Kind, das schon einen recht turbulenten Start in sein Leben gehabt hatte. Ich war dankbar und ergriffen in diesem Moment gemeinsamer Stille. Sie ist mein Herz.

Es blieb nicht still. Amadea entwickelte sich zu einer recht lauten Mitbewohnerin in unserer Familie. Besonders die Nächte nutzte sie für ihre Schreiattacken. Regelmäßig lief sie dabei von rot bis violett an. Die ersten Tage und Wochen stresste mich dieser Zustand sehr. Der fehlende Schlaf tat sein Übriges. Ich war nur noch auf meine Tochter konzentriert und damit beschäftigt sie zufriedenzustellen, um dann selbst etwas Entspannung zu finden. Mein Leben bestand daraus, Windeln zu wechseln, Babybrei zuzubereiten und mein Kind in den Schlaf zu schaukeln. Ich wollte es perfekt machen.

Irgendwann wurde es ruhiger, aber dann kam eben eine neue Hürde. Schließlich hatte ich die Adoptionspflegezeit, in der wir uns befanden, nicht vergessen – nur verdrängt. Ich war eine Mutter auf Probe. Kein schöner Gedanke, vertieft man ihn. Sicher sind die Abläufe des Amtes alle zum Wohle des Kindes erklärbar, aber der Aufwand und die Hürden, die Adoptiveltern für ihr Kinderglück auf sich nehmen, sind bisweilen sehr nervenaufreibend. Mehrere Kontrollen der zuständigen Sozialarbeiter, eine Vormundschaft durch eine weitere Person des Amtes, die auch einen Hausbesuch macht, und die ständigen Erklärungen bei verschiedensten Institutionen, warum mein Kind einen völlig fremden Namen trägt, sind Standard im Prozedere. Die Regeln engen einen gefühlsmäßig sehr ein. Ein Auslandsaufenthalt ist beispielsweise im Adoptionspflegejahr nur mit Zustimmung des Amtes möglich, Urlaube gilt es mitzuteilen und eine Taufe muss genauso besprochen werden wie ein Krankenhausaufenthalt. Dabei fühlt man sich ziemlich unfrei als Mutter. Ich erinnere mich gut an die Phase, als langsam die Papiere für die endgültige Adoption gesammelt wurden. Ein letzter Hausbesuch der Sozialarbeiter meines Heimatjugendamtes wurde angekündigt, damit der Abschlussbericht formuliert werden konnte. War die Bindung des Kindes ausreichend gewachsen? Hatte sich das kleine Wesen eingelebt, und machte es einen gut versorgten, zufriedenen Eindruck? Der Kinderarzt hatte sein Resümee schriftlich vorzulegen. Der zuständige Vormund musste seine Meinung zu Papier bringen, und auch ich als Mutter musste mich Amtsarztuntersuchungen unterziehen.

Einige Wochen waren wir in der heißen Phase. Eigentlich hätte ich völlig relaxt bleiben können, weil ich mir nichts zu Schulden hatte kommen lassen. Doch die Angst, mein Kind wieder zu verlieren und weiterhin abhängig zu sein von anderen, machte mich erneut unsicher. Manchmal frage ich mich, welche Mutter, die ihr Kind selbst zur Welt gebracht hat, muss sich so oft in Frage stellen und immer wieder bangen, ihr Baby zu verlieren? Gespräche darüber habe ich schon viele geführt. Viele Adoptiveltern empfinden das Prozedere als sehr ungerecht. Sicher genießt man sein Kind und das Familienleben auch, aber die letzte Schwelle, das Adoptionspflegejahr überstehen zu müssen, bleibt stets im Hinterkopf. Eigentlich wünscht man sich nichts sehnlicher als ein normales Leben ohne das Gefühl ständiger Beobachtung von Fachleuten.

Warum ich mich einem Amtsarzt unterziehen musste, habe ich mich auch gefragt. Ich musste mit geschlossenen Augen mit dem Zeigefinger meine Nasenspitze berühren und stehend mit den Händen den Boden erreichen. Was sagt das über meine Fähigkeit als Mutter aus? Was tatsächlich über meine Befähigung zur Adoption? Meine Gesundheitsbestätigung durfte ich doch bereits zum Antrag auf Prüfung für den Sozialbericht einreichen. Da war ich topgesund. Was sollte sich in diesem Jahr geändert haben? Was wäre wohl passiert, wenn nach Ablauf des Adoptionspflegejahres und der gewachsenen Bindung zu meiner Tochter ein Arzt ein gesundheitliches Problem festgestellt hätte? Wäre mir meine Tochter dann weggenommen worden? Wäre sie dann wieder in eine neue Familie gekommen? Hätten sie mir dann die Adoption verweigert? Diese und andere Gedanken ließen mich nicht los. Die emotionale Achterbahnfahrt meiner ersten Adoption sollte aber bald ein Ende haben.

Der Hausbesuch verlief glatt. Die Sozialarbeiterinnen waren zufrieden mit uns, und dem Abschlussbericht stand nun nichts mehr im Wege. Auch der Vormund hatte keine Einwände mehr. Alle nötigen Papiere konnten endlich zum Gericht gehen. Darüber, dass eine solche Prüfung einige Wochen, wenn nicht sogar Monate in Anspruch nehmen würde, klärte mich mein Notar auf. Eine niederschmetternde, aber nicht zu ändernde Tatsache. Ein letztes Mal hieß es warten.

Es war ein gewöhnlicher Wochentag. Ich arbeitete wieder und war gerade mit meiner Freundin auf dem Weg nach Hause als mein Mobiltelefon klingelte. Mein Vater war am anderen Ende der Leitung. Er sagte, ich hätte Post vom Gericht bekommen. Ich bat ihn, mir unverzüglich vorzulesen, was auf dem Papier stand. Er brummelte vor sich hin, überflog die ersten Zeilen und

sagte dann etwas von »Adoption vollzogen« und »richterlich bestätigt«. Ich jauchzte vor Freude laut auf, triumphierte innerlich
und fiel meiner Freundin, die mich fragend ansah, in die Arme.
Mein Herz wurde weit. Tränen stiegen in meine Augen, und ich
fühlte mich einfach nur glücklich. Meine Tochter war jetzt meine Tochter.

## Wissenswertes zum Adoptionspflegejahr

Ist man als Adoptivbewerber erst mal auf der »Liste« gelandet,
beginnt die Warterei. Selbst wenn Sie als Bewerber auch bei auswärtigen Jugendämtern aufgenommen wurden, wissen Sie doch
nie, wann es endlich so weit ist, wann der ersehnte Anruf Sie erreicht und Ihnen die freudige Botschaft überbringt. Dauert es
Wochen oder Monate oder sogar Jahre, bis Sie Eltern werden?
Doch wenn es dann passiert, wird Ihre Welt Kopf stehen. Meistens haben Sie nur wenige Tage oder manchmal gar Stunden
Zeit, um alles Nötige für Ihr Kind zu organisieren. Es ist aber
trotzdem nicht empfehlenswert, ohne eine Nachricht des Amtes bereits im Vorfeld Ihr Kinderzimmer einzurichten oder sich
einzudecken mit Kinderwagen, Autositzen, Kleidung und vielem mehr. Der tägliche Blick in ein unbewohntes Zimmer würde Sie nur traurig stimmen. Warten Sie, bis der spezielle Anruf
bei Ihnen eingeht. Mit Hilfe von Familie und Freunden werden
Sie zu Höchstleistungen fähig sein, das verspreche ich Ihnen.
Mit der Freude auf Ihr Baby werden ungeahnte Kräfte in Ihnen
wach, und Sie werden Ihr Kinderzimmer sicherlich schnell genug

und wundervoll eingerichtet bekommen. Manchmal erfahren Sie auch vor der Entbindung von der Vermittlung Ihres Kindes, dann haben Sie ein wenig mehr Zeit für Ihre Planungen. Wenn Sie Ihr Kind dann schließlich in den Armen halten, haben Sie einen Meilenstein geschafft.

Nun geht es an die Formalitäten. Sie werden eine Bescheinigung des Jugendamtes erhalten, dass Sie die Adoptiveltern sind. Die Adoptionspflegezeit hat begonnen. Geburtsurkunden und andere Dokumente werden Ihnen über die jeweiligen Ämter ausgehändigt. Ihre Bescheinigung dient Ihnen natürlich auch als Hilfe, um überall Ihre Elternschaft zu dokumentieren. Sie können Ihr Kind versichern, bei Ihrer Gemeinde anmelden und sich als Eltern fühlen. Allerdings wird Ihr Kind noch den Geburtsnamen der leiblichen Mutter tragen. Und auch Vor- und Rufname wird, wenn Sie es nicht vorher anders vereinbart haben, noch von der abgebenden Seite sein, da dieser meistens direkt im Krankenhaus zu den Akten kommt. In manchen Fällen gibt es Absprachemöglichkeiten über Ihre Sozialarbeiter, sodass der von Ihnen gewählte Vorname bereits notiert wird. Ich habe meinen Kindern Ihre Namen selbst geben dürfen, habe aber die leiblichen Mütter um einen Namen gebeten, den meine Kinder als Drittnamen tragen. So haben sie einen Teil ihrer Wurzeln auch in ihrem Namen.

Wenn Sie sich mit dem Papierkram arrangiert haben, haben Sie wieder einen wichtigen Schritt geschafft. Denken Sie bitte immer an die Vorsorgeuntersuchungen und ärgern Sie sich nicht, wenn die Leute bei Ihrem Hausarzt komisch schauen, weil Sie anders heißen als Ihr Kind. Das kommt in den besten Familien vor. In der Adoptionspflegezeit spielt der Vormund Ihres Kindes eine wichtige Rolle. Bei entscheidenden Fragen zu Ihrem Kind möchte dieser mit einbezogen werden. Streben Sie eine Taufe Ihres Kindes an, muss Ihr Kind stationär behandelt werden, oder planen Sie einen Auslandsurlaub und benötigen einen Pass dafür? In allen diesen Fällen ist es wichtig, das Okay Ihres Vormundes einzuholen – eine Tatsache, die einem persönlich bisweilen ein Gefühl von Inkompetenz als Eltern vermittelt. Sie haben lange gekämpft und nun Ihr Kind in den Armen und doch sind Sie nicht voll mündig. Denken Sie einfach daran, es ist zum Schutz Ihres Schatzes, und es geht vorbei. Eine »Willkommenskontrolle« werden Sie genauso erleben wie eine »Abschlusskontrolle«. Die Sozialarbeiter und der Vormund müssen sich von der gewachsenen Bindung und der ordentlichen Pflege Ihres Kindes überzeugen und dies am Ende des Prozederes schriftlich dokumentieren.

Es ist wichtig, dass Sie Ihre Adoptionspflegezeit möglichst ohne größere Probleme und Veränderungen in Ihrer Familie überstehen. Eine Trennung bei Paaren könnte zu Problemen führen, nicht zuletzt kann diese auch die Wegnahme des Kindes bedeuten, weil sich die Rahmenbedingungen damit gravierend geändert hätten. Selbst der Tod eines Partners in der Adoptionspflegezeit wäre ein kritischer Punkt. Es gibt allerdings selbst prominente Beispiele, wo es zum Verlust eines Partners in besagter Adoptionspflegezeit kam. In diesem Fall wurde menschlich entschieden und nicht strikt nach den Gesetzen gehandelt. Ich persönlich halte das für richtig. Denn wenn ein Partner kurz nach der vollzogenen Adoption verstirbt, würde es auch keine Zweifel an der Entscheidung geben.

Ihr letzter Gang ist Ihr Weg zum Notar, der mit Ihnen die nötigen Papiere ausfüllt und Ihren Antrag auf Adoption bei Gericht stellt. Das Jugendamt wird seinen Abschlussbericht dem ausführenden Richter senden, der auch das Urteil des Vormundes mit einbezieht. Sie werden sich einem Amtsarzt vorstellen und Ihre Gesundheit ein letztes Mal dokumentieren lassen. In manchen Fällen wünscht der Richter ein Einverständnis Ihrer Geschwister, falls Sie welche haben. Im Hinblick auf das Erbrecht kann es nämlich zu kleinen Fragen kommen. Denn wenn Ihr Kind rechtmäßig beurkundet Ihr Kind ist, ist es vor dem Gesetz einem leiblichen Kind gleichgestellt und damit ebenfalls voll erbberechtigt.

Die Urteilsfindung dauert meistens mehrere Wochen, teilweise kann der Prozess mehrere Monate andauern. Anstreben können Sie das Verfahren aber frühestens nach acht reibungslosen Monaten Ihres Kindes bei Ihnen und selbstverständlich erst nachdem die abgebende Seite notariell zugestimmt hat. Ihre Sozialarbeiter werden gemeinsam mit Ihnen den Zeitpunkt des Ganges zum Notar bestimmen und dabei behilflich sein, den Abschluss schnell zu vollziehen.

Wenn Sie endlich den richterlichen Beschluss in den Händen halten und der Name Ihres Kindes dort schwarz auf weiß steht, dann haben Sie es geschafft. Freuen Sie sich von ganzem Herzen! Es darf gefeiert werden! Sie sind hochoffiziell Eltern Ihres Kindes.

## Die Begegnung – Bauchmama und Herzmama treffen sich

Telefoniert hatten wir schon öfter miteinander. Über Gott und die Welt gequatscht wie alte Freundinnen. Da war diese Sympathie füreinander, schon von der ersten Sekunde an. Marianne und ich hatten uns gern. Gesehen hatten wir uns bis zu diesem Tag im Juni noch nie. Aber seit wir das erste Mal telefoniert hatten, häuften sich unsere Anrufe. Wir schickten uns Kurzmitteilungen und zeigten einander, dass wir an den anderen dachten.

Marianne kommt aus dem Osten Deutschlands und lebt mit ihren drei Kindern an der Armutsgrenze. Sie bemüht sich, als alleinerziehende Mutter gut für ihre Kinder zu sorgen und trotz ihrer finanziellen Schwierigkeiten alles für ihre Kinder zu geben. Sie ist ein liebevoller Mensch.

Ich bin in einem Unternehmerhaushalt aufgewachsen. Aus einem Familienbetrieb wuchs ein mittelständisches Unternehmen. Zwei wichtige Themen gab es in meiner Kindheit: die Familie und die Firma. Alles floss ineinander. Meine Eltern lehrten mich, selbstständig zu werden und an meine Ziele zu glauben. Irgendwie hatte ich bei allen Tiefs doch immer ein Leben auf der Sonnenseite. Ich musste noch nie hungern, und auch sonstigen Mangel habe ich nur bedingt erlebt. Am Ende ist sowieso alles relativ und es ist viel schöner, den Menschen ins Herz schauen zu können. Nicht nur auf ihr großes Auto und die tolle Wohnung.

Dass ich die Mutter meines Sohnes eines Tages kennenlernen wollte, hatte ich bereits im Jugendamt angekündigt. Ich wusste von Anfang an, dass mir die Geschichte meiner Herzkinder wichtig war, dass ich niemanden ausschließen wollte und dass es eine leibliche Mutter gab. Klar fühle ich mich als Mama meiner Kinder. Ich versorge sie, ich halte ihre Hand, wenn es ihnen schlecht geht. Ich habe Spaß mit ihnen und ich versuche nach bestem Wissen und Gewissen zwei starke, selbstständige und liebenswerte Menschen aus ihnen zu machen. Dennoch ist mir immer bewusst, dass andere Frauen sie geboren haben, sie auch lieben – auf ihre Art. Sie sind ihre richtigen Mütter.

Ich mag den Ausdruck »richtige Mutter« nicht besonders, überhaupt sind die Wortfindungen für die Familienkonstellation, die wir Adoptiveltern haben, oft ausgrenzend und schwierig. Wo wir doch einladend sind und unsere Arme öffnen für unsere Kinder und ihre Geschichte. Aber zur Erklärung müssen wir eben manchmal mit dem einen oder anderen komischen Wort leben. Unsere Kinder müssen das ja leider auch.

Jetzt kannte ich schon Mariannes Stimme. Ein paar Fotos ihrer Kinder – der Halbgeschwister von Tyee – und ihr Gesicht von Bildern. Revanchiert hatte ich mich mit tollen Aufnahmen der Kids und einem Exemplar meines Buches »Herzmama«. Wir näherten uns an. Stück für Stück. Meinen ersten Brief hatte ich Marianne, direkt nachdem Tyee bei uns eingezogen war, über das Jugendamt gesendet. Etwa drei Monate später hatte ich erneut auf dem schriftlichen Weg über die Sozialarbeiter Kontakt zu ihr gesucht. Dann war erst mal Ruhe. Anfang 2009 habe ich wieder einen Brief an Marianne geschickt und sie darin meine

Mobilfunknummer wissen lassen. Ihre Antwort kam schnell – auch schriftlich und mit dem Angebot, dass ich den ersten Telefonversuch starten könnte. Ihre Mobilfunknummer hatte sie mir notiert.

Im Mai 2009 führten wir dann das erste Telefongespräch. Wir waren neugierig aufeinander und sprachen eine gefühlte Ewigkeit über alles, was unser Herz bewegte. Gespannt wie der kleine Mann reagieren würde und voller Vorfreude planten wir unser Treffen. Tyee war damals erst zarte zwei Jahre. Er verstand sicher noch nicht, worum es ging, also erzählte ich ihm gar keine großen Geschichten. Ich war trotzdem gespannt, ob er Marianne erkennen würde, sie irgendwie besonders wahrnehmen würde. Vielleicht gab es eine spezielle Verbindung, die man erkennen könnte. Mir war aber klar, dass Tyee erst einmal Marianne als eine Freundin kennenlernen sollte. Ich wollte mein Kind nicht verwirren, aber zunächst einmal wollte ich unbedingt eine Selbstverständlichkeit in der Beziehung zwischen uns und Mariannes Familie wachsen lassen.

Ich startete unseren Ausflug also am Morgen des 4. Juni um neun Uhr. Ich hatte nicht nur meinen Sohn und ein paar Geschenke im Gepäck – ich hatte auch meine Freundin Daniela dabei. Marianne und ich hatten am Telefon beschlossen, den besonderen Augenblick in Bildern festzuhalten, und Daniela ist nicht nur eine Freundin, sie ist auch eine ausgezeichnete Fotografin. Ich vertraute ihr das Geschenk des Moments an und Marianne vertraute mir damit. Als wir in meinem Wagen Platz genommen hatten schaute ich meinem Kind tief in die Augen. Jetzt ging es los, wir fuhren zu der Frau, der er sein Leben verdankte.

Wir fuhren zu seiner leiblichen Mutter. Nach etwa zwei Stunden kamen wir an.

Direkt vor der Haustür war noch ein Parkplatz frei. Wir hielten an und stiegen aus. Ich griff mein Mitbringsel und nahm meinen Sohn auf den Arm. Mit einem schnellen Blick scannte ich das Mehrfamilienhaus, in dem Tyee gleich seine leibliche Mutter, die Oma und zwei seiner Geschwister kennenlernen sollte. Alle Gardinen hingen ruhig, niemand schien an den Fenstern zu sitzen. Ich war aufgeregt. Wie würde Marianne sein? Würden wir uns so gut verstehen wie am Telefon? Wie würde der Kleine reagieren? Würde er sie irgendwie erkennen? Daniela folgte mir. Sie war mein Schatten an diesem Tag – zurückhaltend, beobachtend und im richtigen Augenblick mit dem Finger am Auslöser. Im dritten Stock ging die Tür auf. Mariannes Mutter, Tyees Oma. Ein freundliches Begrüßen und dann bat sie uns durch den Flur ins Wohnzimmer. Marianne saß auf dem Sofa, im Arm ein Baby. Tyees kleine Schwester Karola. Ein wenig schüchtern begrüßten wir uns. Das Baby dazwischen. Eine flüchtige Umarmung, ein sanftes Lächeln. Das Klicken des Fotoapparates irgendwo im Raum. Tyee war immer noch auf meinem Arm, er klammerte sich an mir fest. Er fremdelte. Nur mit viel Überredungskunst konnte ich ihn neben Marianne und seiner Schwester auf den Boden stellen. Ich blieb dicht neben ihm, berührte ihn, wollte ihm Sicherheit schenken. Das süße Baby interessierte ihn dann doch. Karolas Brabbeln und Quietschen erregte seine Besorgnis, und er sah mich Hilfe suchend an. »Baby hat Hunger … Mama.« Langsam fühlte er sich sicherer in seiner Umgebung.

Die Oma hatte uns frischen Kaffee auf den Tisch gestellt und ein Teller mit Keksen lockte Tyees Aufmerksamkeit an. Mindestens genauso verschüchtert wie mein Sohn kam sein großer Bruder (damals neun Jahre alt) nach einiger Zeit aus seinem Zimmer. Neugierig war er auf den kleinen Mann, beäugte ihn und mich, setzte ein süßes Lächeln auf und fing an zu erzählen – von der Schule, von seinen Geschwistern, von seinem Leben. Geschichten aus Kinderaugen. Wir amüsierten uns. Stück für Stück fühlten wir uns alle wohler. Langsam bekam die Situation etwas Selbstverständliches, etwas Normales.

Stunden vergingen wie im Flug. Wir lachten und tauschten uns interessiert aus. Tyee rückte ab und zu mal dichter an Marianne ran und bestaunte immer wieder das Baby. Beim Abschied traute sich Tyee sogar seine leibliche Mama einmal ganz fest zu drücken. Er schlang seine kleinen Ärmchen um ihren Hals, während sie vor ihm hockte. Er warf mir einen flüchtigen Blick dabei zu und strahlte nach der Umarmung wie ein Honigkuchenpferd. Eine kräftige Umarmung schenkten Marianne und ich uns auch. Ich war sehr glücklich, diesen Besuch gemacht zu haben, und ich spürte wieder diese unendliche Dankbarkeit über das große Geschenk, das Marianne mir gemacht hatte. Ohne sie wäre ich nicht Mutter meines Sohnes.

Natürlich sollte es nicht bei einem Besuch bleiben. Wir beschlossen, weiter zu telefonieren und möglichst bald ein Wiedersehen anzuberaumen. Diesmal aber bei uns zuhause. Marianne sollte sehen, wie Tyee lebt. Sie sollte seine große Schwester kennenlernen und sich ein Bild von seinem Platz in unserer Familie machen. Außerdem wollten wir unsere Geschichte aufschreiben. Andere Menschen teilhaben lassen an unserem Weg.

Mut machen für ein Miteinander. Die Wahrheit zu leben und sich nicht verstecken und schämen zu müssen, weil man nicht den »klassischen Fall« von Familie lebt, sein Kind zur Adoption freigegeben hatte oder als unfruchtbare Frau sich wünschte Mutter zu sein. Wir brauchten Zeit miteinander. Wir suchten die Nähe und wollten den anderen verstehen lernen, in sein Herz schauen. Aus einem Treffen wurde ein zweites, dann ein drittes und so weiter.

Ich erinnere mich an einen sehr lustigen Ausflug unserer großen, bunten Familie. Marianne kam mit Tyees mittlerer Schwester Martina in einen Freizeitpark in unsere Nähe. Unser Plan war es, die Kinder nach und nach miteinander bekannt zu machen. Und für Marianne war es einfacher, nicht mit allen vier Kindern die Besuche bei Tyee zu machen. So konnte sie sich besser auf ihn einlassen und umgekehrt. Wir trafen uns also zu einem großen »Outdoor-Happening«.

Wir kamen zu sechst. Mein Lebensgefährte und ich, meine Tochter Amadea, mein Sohn Tyee sowie Philine und Hubertus, die Kinder meines Lebensgefährten. Wir sind nämlich eine glückliche Patchworkfamilie, und so gehören alle irgendwie dazu. Zusammen mit Marianne und Martina sorgten wir im Freizeitpark für ordentlichen Trubel. Fünf aufgeweckte Kinder, die gemeinsam den Park erobern wollten. Schnell hatten sich die Kids einander vorgestellt. Sie freuten sich alle über die Begegnung und fanden es spannend, einander kennenzulernen. Wir wollten trotz unserer Besonderheit der Normalität auch ihren Platz gewähren. Und so war es. Die Kinder spielten ausgelassen und wild und genossen den gemeinsamen Tag einfach.

Der kleine Tyee erfreute sich an seiner Marianne, von der er wegen seines jungen Alters noch nicht weiß, wer sie eigentlich ist. Er mag sie, ist immer begeistert sie zu sehen, aber dass er eine Bauch- und eine Herzmama hat, ist ihm jetzt noch nicht klar. Ich möchte ihn nicht überfordern, dennoch finde ich es für alle Beteiligten schön, in jungen Jahren den Kontakt zu pflegen. Wir möchten diese besondere Konstellation so selbstverständlich wie möglich leben. Natürlich funktioniert das auch nur, weil wir alle daran interessiert sind, jeder seinen Platz kennt und wir respektvoll miteinander umgehen. Jede Adoptivfamilie und jede Herkunftsfamilie muss für sich selbst entscheiden, wie weit sie gehen wollen, wie weit sie gehen können, wie weit es gesund und förderlich ist für den Einzelnen.

Die anderen Kinder wissen, dass Marianne Tyees leibliche Mutter ist. Sie wissen, dass er noch Geschwister hat, die bei Marianne leben. Sie wissen aber auch, dass Tyee mich als seine Mutter hat und Amadea seine große Schwester ist, die er liebt und als Vorbild sieht. Für Amadea ist es normal, dass manche Kinder bei ihrer Bauchmama bleiben und andere von einer Herzmama begleitet werden. Wir haben in unserem Freundeskreis natürlich auch einige Kontakte zu Adoptivfamilien, sodass die Kinder das Gefühl haben, nicht alleine zu sein mit ihrer Herkunftsgeschichte. Amadea ist im Übrigen auch vernarrt in Marianne – diese kleine Frau hat so ein großes Herz, und das spüren Kinder. Wie unsere Zukunft aussieht, wissen wir noch nicht, aber wir hoffen, dass wir als Familie weiter wachsen. Wir gehen sorgsam miteinander um. Wir wünschen, dass wir uns Freunde bleiben und die Kinder nie traurig sein müssen, einen Menschen verloren zu haben, sondern wissen, sie haben Familie gewonnen.

# Leben mit einem Herzkind

Ich hielt die Hand meiner kleinen dreijährigen Tochter fest. Sie hatte sich ängstlich auf meinen Schoß gesetzt. Die Luft roch nach Krankenhaus. In der Notfallsprechstunde des Klinikums hatte die Schwester uns direkt in den Behandlungsraum durchgeführt. Der Doktor sei unterwegs. Amadea hatte Fieber, sehr hohes Fieber, das in Schüben immer wieder auf über 40 Grad kletterte. Trotz fiebersenkender Mittel bekam ich die Temperatur nicht runter. Das ging nun schon zwei Wochen so. Ich war sehr besorgt. Meine Tochter war schwach und sah mich Hilfe suchend an. Ich wollte ihr so gerne helfen. Es machte mich traurig, sie so zu sehen, und die Angst um sie konnte ich nur schwer verbergen. Jede Mutter weiß, wie schlimm es sich anfühlt sein Kind leiden zu sehen. Wie gerne würde man in solchen Momenten mit dem kleinen Wesen tauschen, ihm die Qualen nehmen. Nachts lag ich neben ihrem Bettchen und schaute sie an. Beobachtete sie. Kontrollierte ihren Atem. Streichelte sie und zeigte ihr, dass ich bei ihr war. Ich wollte sie doch nicht verlieren.

Eine Situation, die so oder ähnlich viele Mütter kennen. Auch wenn mein Kind nicht aus meinem Fleisch und Blut ist, liebe ich sie von ganzem Herzen. Ich sorge und bemühe mich, wie eine Mutter das tut. Meine Tochter ist mein Kind, und ich möchte, dass es ihr an nichts fehlt.

Ein Kind großzuziehen ist eine große Aufgabe. Eine Aufgabe, die viel Liebe, Geduld und Aufmerksamkeit braucht – das ist für alle Eltern gleich. Ich glaube aber, dass Adoptiveltern mehr und anders gefordert sind als leibliche Eltern. Das Kind leiblicher Eltern wird wohl nie in einem Streit den Satz sagen: »Ich haue ab, ich gehe zu meinen richtigen Eltern.« Ein Kind leiblicher Eltern kann dort nicht so einfach weg. Es kann sich auch nicht in seiner Fantasie ausmalen, wie perfekt die richtigen Eltern wären.

Beispielsweise schickte eine Bekannte – eine Adoptivmutter –, ihr kleines siebenjähriges Mädchen abends zum Zähneputzen und Waschen ins Bad. Danach sollte das Kind schon ins Bett gehen, und die Mutter wollte dazukommen, um dem Kind wie jeden Abend eine Geschichte vorzulesen. Der Tag war ganz wunderbar verlaufen, und alle waren fröhlich. Das Mädchen lag auch bereits im Bett, als seine Mama mit dem Buch ins Zimmer kam. Aber es weinte. »Du weinst ja, mein Schatz, was hast du denn?«, fragte die Adoptivmutter, als sie ihr Kind so traurig in seinem Prinzessinnenbett liegen sah. »Ach, ich habe nur gerade an meine richtige Mutter denken müssen … Ob ich da wohl auch so ein Bett bekommen hätte und so ein großes Zimmer?« Die Adoptivmutter musste schlucken. Seit Wochen hatten sie nicht über das Thema Adoption gesprochen, und ihr war nicht bewusst, dass ihr kleiner Schatz sich so intensive Gedanken machte. Von einer Sekunde auf die andere war sie selbst gefordert, mit ihren Gefühlen und denen ihrer Tochter behutsam umzugehen – dem Kind das Gefühl zu geben nicht alleine zu sein und es emotional aufzufangen. Auch wenn in ihr selbst die Traurigkeit groß wurde. Das würde einer leiblichen Mutter nicht passieren.

Vor einigen Tagen saß ich mit meiner Tochter gemütlich auf dem Sofa. Wir redeten über ihre Schule, über dies und das. Plötzlich wollte sie wissen, wo denn eigentlich die Babys herkommen. Dass der Storch sie nicht brachte, wusste sie bereits. Und auch ich war vorbereitet. Es gibt eine wunderbare Bücherreihe für Kinder, die Erwachsenen hilft, den Kindern bestimmtes Wissen altersgerecht begreiflich zu machen. Das Thema mit dem Kinderzeugen und -bekommen wollte ich doch etwas fundierter darstellen und nicht einfach drauflosplappern. Ich holte also mein schlaues Buch aus dem Schrank und fing an vorzulesen. Die bunten Bilder und Klappkarten machten das ganze Erklären und Zeigen spannend für uns beide. Ich dachte: »Na gut, jetzt ist es raus.« Das war eine richtige Aufklärungsstunde, und ich befürchtete, dass mein Kind damit noch nicht ganz zurechtkam und jetzt vielleicht komische Bemerkungen oder Gedanken folgen würden. Sie hingegen erklärte mir, dass sie das mit dem Baby im Bauch und wie es dahin kommt schon gehört hatte. Sie wollte es noch einmal von mir bestätigt wissen und nahm mich dann fest in den Arm. »Weißt du, Mama, ich finde es super schade, dass ich nicht in deinem Bauch gewachsen bin. Dann würden wir uns nämlich noch länger kennen, und ich hätte dich ein bisschen ärgern können von da drinnen.« Sie zeigte auf meinen Bauch und grinste schelmisch.

Das saß. Wurde ich doch gerade über die Aufklärungsstunde meiner Tochter an meinen eigenen wunden Punkt geführt. Natürlich hätte ich sie gerne selbst geboren. Natürlich hätte ich auch eine Schwangerschaft erleben wollen. Das gehört schließlich dazu, das verbindet. War ich deshalb weniger wert für sie? Nein, das war eine Liebeserklärung, wie sie eine Adoptivmama nicht besser bekommen kann. Trotzdem tat es weh. Meine Tochter trabte fröhlich von dannen. Für sie war alles gesagt und besprochen. Ich blieb mit einem aufgesetzten Lächeln und meinen Gedanken zurück, und mir war klar, das war nicht das letzte Mal, dass meine Kinder mich zu meinen eigenen tiefen Gefühlen gebracht hatten.

## Was Sie als Adoptiveltern bewegen wird

Ängste, mit denen Adoptiveltern lernen müssen umzugehen, sind zum Beispiel Neid und Eifersucht, oder auch die nicht bewältigte Traurigkeit über die eigene Kinderlosigkeit, wenn das Kind von der richtigen Mutter spricht. Es geht häufig um Verlustängste: Das Kind könnte doch eines Tages zurückwollen oder die leibliche Mutter besser finden, weil sie jünger ist, schöner, sportlicher – eben anders. Alles Gefühle, die eine leibliche Mutter so nicht kennt. Gefühle, die ein leiblicher Vater nicht zu spüren bekommt.

Adoptiveltern müssen sich immer wieder intensiv mit sich selbst auseinandersetzen, sind gezwungen hinzuschauen. Und natürlich geht es fortwährend um die Kinder. Im Alter zwischen 12 und 16, sagt man, ist die Pubertät, die kritische Phase der Kinder. Sie sind in der Identitätsfindung. Adoptivkinder sind in einer doppelten Identitätsfindung. Selbst, wenn es keinen engen oder überhaupt keinen Kontakt zur abgebenden Seite gibt, so reicht der bloße Gedanke »Warum bin ich nicht gewollt?«, um das Kind in eine grundlegende Krise zu stürzen: die Suche nach dem eigenen Ich. Identifikationsfragen werden über die leiblichen und die Adoptiveltern geklärt. Wo gehöre ich hin? Zu wem? Warum? Weshalb ist das so? Viele Fragen, auf die Sie als Adoptiveltern versuchen sollten Antworten zu finden. Und das möglichst dann, wenn es Ihr Kind braucht, und nicht, wenn es Ihnen passt.

Die Zeichen Ihrer besonderen Kinder zu deuten, wird nicht immer ganz einfach sein. Und nicht jeder Wutanfall ist auch gleich ein Indiz für das Aufarbeiten der Adoptionsproblematik. Dennoch gibt es Merkmale, die zeigen, wenn es Ihrem Kind mit seiner Geschichte schlecht geht, die signalisieren, dass es Ihre Hilfe braucht. Sie müssen wachsam sein, lernen Ihr Kind zu verstehen und sich gegebenenfalls professionelle Hilfe holen. Adoption ist für ein ganzes Leben. Auch im Alter werden Sie noch spüren, welche Bedeutung eine Herkunftsfamilie hat. Vielleicht werden Sie später gemeinsam mit der leiblichen Mutter Ihres Kindes Ihr Enkelkind spazieren fahren. Sie werden viele Jahre an- und miteinander wachsen. Eine wunderbare Chance auch für Ihre eigene Entwicklung. Und bei aller Besonderheit und allen möglichen Schwierigkeiten mit einer Adoption ist es doch sehr wichtig, so normal wie möglich damit umzugehen. Es heißt: Je mehr Tabuisierung in der Familie und außerhalb stattfindet, desto größer sind die Probleme und Schwierigkeiten damit. Erkennen Sie das Besondere, seien Sie aufmerksam und bewusst in Ihrem Handeln, aber leben Sie möglichst »normal« Ihr Leben.

Als Adoptiveltern ist man eben vielen Situationen ausgesetzt, die leibliche Eltern so nicht zu bewältigen haben. Und es gibt keinen Ablaufplan dafür. Aber wenn Sie sich aus ganzem Herzen entschieden haben, Adoptiveltern zu sein, werden Sie auch den richtigen Weg finden.

# Anhang

## Häufig gestellte Fragen

*Wie lange dauert es, bis das komplette*
*Adoptionsverfahren durch ist?*
Das kann man leider pauschal nicht sagen. Abwicklung, Hausbesuch, Papierkram, Sozialbericht erstellen, Vorbereitungskurs etc. – all das dauert circa sechs Monate. Danach geht die wirkliche Warterei erst los, die aber durch geschicktes Vorgehen und Eigeninitiative beschleunigt werden kann.

*Warum benötigt man ein polizeiliches Führungszeugnis*
*für eine Adoption?*
Weil das Jugendamt für den Sozialbericht sichergehen muss, dass die annehmende Seite keinen kriminellen Hintergrund hat, der sich negativ auf die Entwicklung des Kindes auswirken könnte (z. B. Körperverletzung, Kindesmissbrauch etc.).

### Gibt es eine Altershöchstgrenze für Paare, die ein Kind adoptieren wollen?

Es gibt kein Gesetz, das eine Altergrenze vorgibt. Aber: Die Jugendämter arbeiten mit einer »Kann-Bestimmung« und vermitteln einen Säugling bis maximal 42 bis 43 Jahre, wenn sie kulant sind. Das Alter des zu vermittelnden Kindes und der Mutter sollte maximal 40 Jahre auseinanderliegen. Für ältere Paare gibt es sicherlich die Möglichkeit, ein älteres Kind zu adoptieren oder sich um ein Dauerpflegekind liebevoll zu kümmern.

### Kann man auch als Single ein Kind adoptieren?

Es gibt kein Gesetz, das eine Single-Adoption ausschließen würde. Selbst in meinem Freundeskreis gibt es viele Single-Adoptionen. Wenden Sie sich an Ihr Heimatjugendamt und informieren Sie sich dort. Alternative: Freie Träger, z. B. www.findefux.org.

### Müssen Paare, die adoptieren wollen, verheiratet sein?

Nein, müssen sie nicht. Allerdings kann dann nur einer der beiden adoptieren. Aber Sie sollten beim Jugendamt als Paar auftreten. Das kann unter Umständen eine Adoption erleichtern.

### Muss bei einer Scheidung der Vater trotzdem die Bestätigung geben für einen Namenswechsel des Adoptivkindes?

Wenn das Kind den Familiennamen trägt und eine Umbenennung auf den Mädchennamen der Mutter oder – nach einer erneuten Heirat – auf den neuen Familiennamen erfolgen soll, ist eine Unterschrift des Vaters nötig. Eine Umbenennung ist über das Standesamt möglich.

*In welchem Alter sollte man Kindern sagen,*
*dass sie adoptiert wurden?*

Ich bereite dieses Thema spielerisch vor. Meine Tochter (5) weiß bereits, dass sie eine Bauch- und eine Herzmama hat. Solche Lebensmodelle sollten als normal empfunden werden können. Das Kind sollte so früh und altersgerecht wie möglich aufgeklärt werden, damit es in Wahrheit aufwachsen kann.

*Wie lange dauert es von der Zusage, ein Kind zugesprochen zu*
*bekommen, bis zur wirklichen Aufnahme? Und kann man dann*
*ggf. von heute auf morgen in die Elternzeit gehen?*

Wenn der entscheidende Anruf des Jugendamtes endlich gekommen ist, geht es meistens ganz schnell. Dann muss auch der Arbeitgeber mit einer Adoptivmutter verfahren wie mit einer leiblichen Mutter. Genauso steht einer Adoptivmutter – auch in der Adoptionspflegezeit – finanzielle Unterstützung vom Staat zu (Elterngeld, Kindergeld).

*Kann man auch adoptieren, wenn man in einer*
*gleichgeschlechtlichen Partnerschaft lebt? Oder sollte*
*man sich besser als Single bewerben?*

Bei homosexuellen Adoptionen können Sie zwar als Paar auftreten, es handelt sich aber bei einer solchen Konstellation immer um eine Single-Adoption, die nur einer der beiden Partner durchführen kann.

*Wie haben Sie die Wartezeit auf Ihre Kinder überstanden?*

Im Nachhinein kommt mir alles ganz schnell vor. Aber ich muss zugeben, dass in der Wartezeit meine Gefühle Achterbahn gefahren sind. Ich habe aus diesem Grund aktiv versucht, das Verfahren zu beschleunigen. Es ist wichtig, das Gefühl zu haben, etwas tun zu können. Aber man muss auch zwischendurch loslassen und sich anderen schönen Dingen zuwenden, zum Beispiel mit dem Partner für ein paar Tage wegfahren oder sich mit Freunden verabreden, sonst besteht die Gefahr, sich zu verlieren im Thema Adoption.

### Kann einem in der Adoptionspflegezeit das Kind wieder genommen werden?

Ja. Die Sozialarbeiter, die Ihren Fall betreuen, werden nach Ihren Vorgaben den Ablauf prüfen, Ihr Zusammenleben mit dem Kind, die Eltern-Kind-Bindung beobachten. Sollte es hier zu schwerwiegenden Problemen kommen, kann von dem Recht Gebrauch gemacht werden, das Kind – zu seinem eigenen Wohl – aus der Familie zu nehmen.

### Gibt es finanzielle Voraussetzungen für eine Adoption?

Ja, auch wenn sich das – auch aus meiner Sicht – etwas elitär anhört. Denn was hat Liebe zu einem Kind mit Geld zu tun?! Aber Sie müssen natürlich gewährleisten, dem Kind ein ihm gerechtes Leben zu ermöglichen. Ein normaler Kredit für Haus oder Wohnung sind keine Ausschlusskriterien.

### Ist es möglich, auch ältere Kinder zu adoptieren?

Sicherlich bedarf es einer größeren Sozialkompetenz, ältere Kinder aufzunehmen, weil sie einfach ein Stück mehr Geschichte mitbringen, die meistens eher tragisch ist. Sie als Eltern haben nun die Aufgabe, diese Kinder aufzufangen und mit Liebe auf

ihrem Weg zu begleiten. Die Frage ist, ob Sie sich so etwas zu-
trauen.

**Welche Unterlagen sind für den Sozialbericht erforderlich?**
Jedes Jugendamt handelt ein wenig anders, fordern Sie eine Liste
beim Heimatjugendamt an. Darauf finden Sie alle wichtigen Infos.

**Wie viel kostet eine Adoption?**
In Deutschland entstehen keine Kosten – außer Kleinstbeträgen
für Bewerbungsmappe, Fotos und eventuell für einen Vorbereitungskurs. Bei ausländischen Adoptionen müssen Sie aber mit
hohen Kosten für die Adoptionsvermittlung der freien Träger,
Papierkram, Flüge etc. rechnen. Alles in allem können da 20 000
bis 25 000 Euro zusammenkommen.

**Wie stehen die Chancen für alleinstehende Männer
oder Männer in gleichgeschlechtlichen Beziehungen,
ein Kind zu adoptieren?**
Kein Gesetz verbietet eine solche Adoption, aber die noch ver-
altete Denkweise einiger Ämter macht es sehr schwer. Ich persönlich finde wirklich, dass es nötig wird, sich über die Gesetze zu unterhalten und mehr Toleranz und Offenheit zu fordern.

**Kann man bei der Adoption Wünsche äußern, z. B. ausschließen,
ein behindertes Kind aufzunehmen?**
Über den Fragebogen, den man vor Erstellung des Sozialberichts
ausfüllen muss, kann man viel definieren. Achtung: Nicht jede
Frage leichtfertig beantworten! Gerade beim Thema Behinderung geht es um Feinheiten. Vielleicht können Sie sich vorstellen,

ein Kind mit einem fehlenden Finger oder einer Sehschwäche zu adoptieren? Das zählt schon zu einer leichten Behinderung. Natürlich ist es auch wichtig, dass Sie sich selbst eingestehen, wie viel Sie in der Lage sind zu leisten.

### Gibt es eine Frist, bis zu der eine leibliche Mutter ihr Kind wieder zurückfordern kann?

Eine abgebende Mutter kann frühestens nach acht Wochen ihr Einverständnis zur Freigabe des Kindes notariell beglaubigen lassen. Allerdings kann in Fällen, wo diese Unterschrift nicht getätigt wird, ein nervenaufreibender Prozess für die annehmende Seite entstehen, bis die Unterschrift von der abgebenden Seite schließlich geleistet wird. Im Adoptionspflegejahr bemühen sich die Sozialarbeiter um den Vollzug dieser Abwicklung.

### Stehen die Chancen, ein Kind zu adoptieren, besser oder schlechter, wenn man bereits ein eigenes Kind hat?

Manche abgebenden Mütter wünschen sich sogar ein Geschwisterkind. Eigentlich darf es kein Ausschluss für eine Adoption sein, wenn man bereits ein leibliches Kind hat. Leider sagen manche Sozialarbeiterinnen: »Was wollen Sie denn noch ein Kind adoptieren, Sie haben doch schon eines!« Aber es gibt auch Sozialarbeiter, die es positiv bewerten, wenn die annehmende Seite bereits ein Kind hat.

### Haben Sie schon das Zimmer eingerichtet, Spielsachen gekauft, als Sie noch auf ein Kind gewartet haben?

Erst als der entscheidende Anruf des Jugendamtes kam, habe ich mich um alles gekümmert. Ich hatte zwei Tage Zeit. Vorher wollte ich nicht übereifrig handeln. Die Enttäuschung wäre zu groß gewesen.

**Wie groß ist die Wahrscheinlichkeit, einen Säugling zu bekommen?**

Je jünger eine Mutter (annehmende Seite), desto größer ist die Wahrscheinlichkeit, dass sie einen Säugling bekommt. Aber natürlich spielen noch andere Faktoren für die Beurteilung Ihrer persönlichen Situation durch die Sozialarbeiter eine Rolle und entscheiden darüber, wie am Ende Ihr Sozialbericht ausfällt.

Gern können Sie sich bei weiteren Fragen zum Thema Adoption unter **www.sam-jolig.de** an mich wenden. Mein Angebot ist nicht als Ersatz für professionelle Beratungsstellen gedacht (entsprechende Adressen finden Sie auf den folgenden Seiten), aber ich helfe gern als erste Anlaufstelle und Vermittlerin weiter.

# Wichtige Adressen

## Kinderwunsch-Kliniken

**Universitätsfrauenklinik Leipzig**
Abt. für Humane Reproduktion
und Endokrinologie
Liebigstraße 20a, 04103 Leipzig
Tel: 0341/97 23-477
Fax: 0341/97 23-469

**Universitätsklinikum Halle (Saale)**
Universitätsklinik und Poliklinik für Geburtshilfe
und Reproduktionsmedizin
Ernst-Grube-Straße 40, 06120 Halle (Saale)
Tel: 0345/557-23 24
Fax: 0345/557-24 48
E-Mail: sekretariat.obstet@medizin.uni-halle.de
Internet: www.medizin.uni-halle.de/kgr/

**Praxisklinik Sydow am Gendarmenmarkt**
Kronenstraße 55–58, 10117 Berlin
Tel: 030/20 62 67 20
Fax: 030/20 62 67 218
E-Mail: info@praxisklinik-sydow.de
Internet: www.praxisklinik-sydow.de

**Hormonzentrum Berlin**
Dr. med. Christiane Peters
Praxis für Gynäkologische Endokrinologie
und Reproduktionsmedizin
Tauentzienstraße 6
10789 Berlin
Tel: 030/21 42 044
Fax: 030/21 43 286
E-Mail: tcm@hormonzentrum-berlin.de
Internet: www.berliner-kinderwunschzentrum.de

**Hormon-Center-Berlin**
Berliner Straße 2, 13507 Berlin
Tel: 030/43 45 009
Fax: 030/43 49 00 06
E-Mail: praxis@gyn-berlin.de
Internet: www.hormon-center-berlin.de

**Praxis Dr. Christiane Peters**
Hormonstörungen und Kinderwunsch
Käthe-Kollwitz-Straße 31, 14532 Kleinmachnow
Tel: 033203/74 408
Fax: 033203/77 12 59
E-Mail: dr.c.peters@t-online.de

**FCH – Fertility Center Hamburg**
Speersort 4, 20095 Hamburg
Tel: 040/30 80 45-20
Fax: 040/30 80 49-50
E-Mail: fch@fertility-center-hh.de
Internet: www.fertility-center-hh.de

**Kinderwunschzentrum Altonaer Straße**
Praxis für gyn. Endokrinologie und Reproduktionsmedizin
Altonaer Straße 59, 20357 Hamburg
Tel: 040/30 68 36-0
Fax 040/30 68 36-69
E-Mail: info@ivf-hamburg.de
Internet: www.ivf-hamburg.de

**Kinderwunsch Kiel**
Im Brauereiviertel 5, 24118 Kiel
Tel: 0431/55 34 33
Fax: 0431/51 92 745
E-Mail: info@kinderwunschkiel.de
Internet: www.kinderwunschkiel.de

**Zentrum für Kinderwunschbehandlung Bremen GbR**
Emmastraße 220, 28213 Bremen
Tel: 0421/22 49-10
Fax: 0421/22 49-122
E-Mail: dr.achimstutterheim@nord-com.net
Internet: www.kinderwunschbremen.de

**Deutsche Klinik Bad Münder**
Zentrum für IVF und Reproduktionsmedizin –
Bad Münder-Hannover
Hannoversche Straße 24, 31848 Bad Münder
Tel: 05042/940-360
Fax: 05042/940-308
sowie
Praxis Theaterstraße
Theaterstraße 14, 30159 Hannover
Tel: 0511/93 61 80-56
E-Mail: info@kinderwunsch.com

**Medizinisches Versorgungszentrum für**
**Reproduktionsmedizin am Klinikum Kassel**
Mönchebergstrasse 41–43, 34125 Kassel
Tel: 0561/98 02 980
Fax: 0561/98 02 981
E-Mail: info@kinderwunsch-kassel.de
Internet: www.kinderwunsch-kassel.de

**Universitätsklinikum Magdeburg**
Klinik für Reproduktionsmedizin und
Gynäkologische Endokrinologie
Gerhart-Hauptmann-Straße 35, 39108 Magdeburg
Tel: 0391/67 17 390
Fax: 0391/67 17 389
E-Mail: juergen.kleinstein@med.ovgu.de
Internet: www.med.uni-magdeburg.de/krge.html

**Zentrum für Reproduktionsmedizin**
Interdisziplinäres Zentrum für
Kinderwunschbehandlung Düsseldorf
Völklinger Straße 4, 40219 Düsseldorf
Tel: 0211/90 197-0
Fax: 0211/90 197-50
E-Mail: info@ivf-duesseldorf.de
Internet: www.ivf-duesseldorf.de

**Fertilitätszentrum und Gyn. Endokrinologie**
Klinikum der J. W. Goethe-Universität
Klinik für Gynäkologie und Geburtshilfe
Theodor-Stern-Kai 7, 60590 Frankfurt am Main
Tel: 069/63 01-57 08
Fax: 069/63 01-71 20
E-Mail: info.ivf@kgu.de
Internet: http://141.2.205.15/zfg/hor/index.html

**IVF-Saar**
Europaallee 15, 66113 Saarbrücken
Tel: 0681/93 632-0
Fax: 0681/93 632-10
E-Mail: zentrum@ivf-saar.de
sowie
Maxstraße 13, 67659 Kaiserslautern
Tel: 0631/70 431
Fax: 0631/78 568
E-Mail: kaiserslautern@ivf-saar.de
Internet: www.ivf-saar.de

**Zentrum für Reproduktionsmedizin München**
Tal 11, 80331 München
Tel: 089/24 22 95-0
Fax: 089/24 22 95-60
E-Mail: info@ivf-bbn.de
Internet: www.ivf-bbn.de

**Hormon Zentrum München**
Praxisklinik für Kinderwunsch
und Endokrinologie
Westendstraße 193–195, Postfach 21 05 40,
80686 München
Tel: 089/54 70 41-0
Fax: 089/54 70 41-34
E-Mail: info@hormonzentrum.de
Internet: www.hormonzentrum.de

**Kinderwunsch und Frauen-Hormon
Centrum Nürnberg**
Agnesgasse 2–4, 90403 Nürnberg
Tel: 0911/23 55 500
Fax: 0911/23 55 516
E-Mail: aerzte@kinderwunschcentrum-nuernberg.de
Internet: www.ivf-nuernberg.de

**Kinderwunschzentrum Regensburg**
Hemauer Straße 1, 93047 Regensburg
Tel: 0941/59 206-0
Fax: 0941/59 206-23
E-Mail: info@kinderwunsch-regensburg.de
Internet: www.kinderwunsch-regensburg.de

**Univ. Klinik für Gynäkologische Endokrinologie
und Reproduktionsmedizin**
Department Frauenheilkunde
Anichstraße 35, A-6020 Innsbruck
Tel.: +43 (0)512 504-23 276
Fax: +43 (0)512 504-23 277
E-Mail: info@kinderwunsch-zentrum.at
Internet: http://kinderwunsch-zentrum.at

**Fachinstitut der Ostschweiz für Reproduktionsmedizin
und Gynäkologische Endokrinologie**
Brauerstraße 95, CH-9016 St.Gallen
Tel: +41 71 282 40 10
Fax: +41 71 282 40 11
E-Mail: info@fiore-ivf.ch

## Selbsthilfegruppen und Beratungsstellen

Es lohnt sich, bei den folgenden Kontakten persönlich anzufragen, ob und wie Sie Hilfe für Ihre Bedürfnisse bekommen können. Einige dieser Gruppen arbeiten eng mit Psychologen zusammen, die sich bestens in der Thematik Kinderwunsch und ungewollte Kinderlosigkeit auskennen.

**www.kiap.de**
Neben der Bündelung der Landesvertretungen war es der BAG KiAP (Bundesarbeitsgemeinschaft für Kinder in Adoptiv- und Pflegefamilien e. V.) von Anfang an wichtig, zusätzlich zu den Adoptiv- und Pflegeelternverbänden auch Institutionen, die im Bereich Adoptiv- und Pflegekinderwesen aktiv sind, anzusprechen und als Mitglieder zu gewinnen.

**www.schattenkind-bremen.de**
Selbsthilfegruppe: Unterstützt jugendliche und erwachsene Inkognitopflegekinder und -adoptierte bei der Suche nach ihrer Herkunftsfamilie. Schattenkinder hilft – beratend und praktisch – bei der Herstellung von Kontakten zur Herkunftsfamilie. Außerdem steht sie in Kontakt zu Vereinen für Pflegeeltern und Adoptiveltern und leistet Öffentlichkeitsarbeit für diese wichtige Thematik.

**www.eia-online.de**
Die EiA – Elterninitiative Adoption e. V. ist ein gemeinnütziger Verein, der es sich zum Ziel gemacht hat, das Recht eines jeden Kindes auf Eltern, Geborgenheit und Fürsorge zu verwirklichen.

**www.diakonie-ekb.de**

Der Verein Eltern-Kind-Brücke e. V. wurde von Adoptivfamilien gegründet. Der Verein unterstützt und berät Menschen, die einen Kinderwunsch hegen, bei der Adoption und den weiterführenden Aufgaben. Im Juli 2000 folgte dann die Anerkennung als Träger der freien Jugendhilfe und im November 2001 die Anerkennung als staatlich anerkannte Auslandsadoptionsvermittlungsstelle.

**www.arbeitskreis-pflegekinder.de**

Der Arbeitskreis Pflegekinder ist ein anerkannter freier Träger der Jugendhilfe und unterstützt Tagesmütter und -väter sowie Pflegeeltern durch Lobby- und Öffentlichkeitsarbeit. Er setzt sich dafür ein, dass Familien, die Pflegekinder aufnehmen, angemessen unterstützt werden.

**www.eltern-fuer-kinder-ev.de**

Eltern für Kinder e. V. ist ein gemeinnütziger Verein mit dem Ziel, persönlich Sorge für verlassene Kinder aus dem Ausland zu tragen, indem das Recht eines jeden Kindes auf Eltern durch Adoptionsvermittlung nach dem Haager Übereinkommen verwirklicht wird.

**www.pan-ev.de**

PAN (Pflege- und Adoptivfamilien NRW e. V.) ist ein Zusammenschluss von Pflegefamilien, Adoptivfamilien, Selbsthilfe-Initiativen der Pflege- und Adoptivfamilien und Fachkräften in Nordrhein-Westfalen.

Der Verein hat es sich zur Aufgabe gemacht, Kindern in Pflege- und Adoptivfamilien eine neue Lebenschance zu ermöglichen, Pflegefamilien und Adoptivfamilien zu helfen, Initiativen der Pflege- und Adoptivfamilien zu beraten und zu unterstützen.

**www.pfad-bayern.de**
PFAD FÜR KINDER ist ein Zusammenschluss von Pflege- und Adoptivelterngruppen und -vereinen, Pflege- und Adoptivfamilien, Tagespflegeeltern und Fachkräften der Jugendhilfe. PFAD FÜR KINDER ist ein gemeinsames Sprachrohr der Pflege- und Adoptivfamilien in Bayern und Ansprechpartner für Gesetzgeber, Behörden, Verbände, Institutionen, Politiker und Personen, die sich für die Achtung der Interessen von Kindern und deren Familien einsetzen.

**www.moses-online.de**
Online-Portal zum Thema Pflegekinder und Adoption.

**www.pflegekind-mv.de**
Der Verein zur Förderung des Pflegekinderwesens in Mecklenburg/Vorpommern e. V. ist ein überregional tätiger Partner der Jugendhilfe und Pflegekinderdienste und hilft bei der Vorbereitung, Begleitung und Fortbildung von Pflegeeltern in Mecklenburg-Vorpommern. Er bietet fachliche Unterstützung auch für Tagespflegeeltern durch Qualifikation und Supervision sowie für Herkunfts- und Adoptiveltern durch Beratung.

**www.susanne-reiher.de**
Beratungspraxis für Pflege- und Adoptiveltern.

## Kontaktadressen Jugendämter

*Zentrale Adoptionsstellen*

**Bundesamt für Justiz**
**Bundeszentralstelle für Auslandsadoption**
Adenauerallee 99–103, 53113 Bonn
Tel: 0228/99 410-54 14
Fax: 0228/99 410-54 02
E-Mail: auslandsadoption@bfj.bund.de
Internet: www.bundesjustizamt.de

**Kommunalverband für Jugend und Soziales Baden-**
**Württemberg Dezernat Jugend – Zentrale Adoptionsstelle**
Lindenspürstraße 39, 70176 Stuttgart
Tel: 0711/63 75-0
Fax: 0711/63 75-449
E-Mail: zas@kvjs.de
Internet: www.kvjs.de

**Zentrum Bayern Familie und Soziales**
**Bayerisches Landesjugendamt**
**Zentrale Adoptionsstelle**
Marsstraße 46, 80335 München
Postfach 400260, 80702 München
Tel: 089/12 61-04
Fax: 089/12 61-22 80
E-Mail: poststelle@zbfs-blja.bayern.de
Internet: www.blja.bayern.de

**Zentrale Adoptionsstelle Berlin-Brandenburg (ZABB)**
Landesjugendamt des Landes Brandenburg (LJA)
Hans-Wittwer-Str. 6, 16321 Bernau
Tel: 03338/701-828
Fax: 03338/701-863
E-Mail: poststelle@lja.brandenburg.de
Internet: www.lja.brandenburg.de

**Landesamt für Gesundheit und Soziales**
**Mecklenburg-Vorpommern**
Abteilung Jugend und Familie – Landesjugendamt
Zentrale Adoptionsstelle
Neustrelitzer Str. 120, Block D, 17033 Neubrandenburg
Postfach 11 01 63
17041 Neubrandenburg
Tel: 0395/380-33 20
Fax: 0395/380-33 02
E-Mail: poststelle.lja@lagus.mv-regierung.de
Internet: www.lagus.mv-regierung.de

**Gemeinsame Zentrale Adoptionsstelle (GZA)**
Zentrale Behörde für Auslandsadoption
Südring 32, 22303 Hamburg
Tel: 040/42 863-50 06
Fax: 040/42 863-51 88
E-Mail: gza@bsg.hamburg.de
Internet: www.hamburg.de/gza

## Landschaftsverband Rheinland – Landesjugendamt
50663 Köln
Tel: 0221/809-0
Fax: 0221/809-62 52
E-Mail: anke.muetzenich@lvr.de & detlef.happ-margotte@lvr.de
Internet: www.lvr.de/jugend

## Landschaftsverband Westfalen-Lippe
LWL-Landesjugendamt Westfalen – Zentrale Adoptionsstelle
Warendorfer Str. 27, 48145 Münster
Tel: 0251/591-65 85
Fax: 0251/591-68 98
E-Mail: ruth.schuerbuescher@lwl.org
Internet: www.lwl.org

## Gemeinsame Zentrale Adoptionsstelle
## Rheinland-Pfalz und Hessen – Landesjugendamt –
Rheinallee 97–101, 55118 Mainz
Postfach 29 64
55019 Mainz
Tel: 06131/967-0
Fax: 06131/967-320
E-Mail: gza@lsjv.rlp.de
Internet: www.landesjugendamt.de

**Ministerium für Arbeit, Familie, Prävention,**
**Soziales und Sport – Landesjugendamt**
Zentrale Adoptionsstelle
Franz-Josef-Röder-Straße 23, 66119 Saarbrücken
Tel: 0681/501-20 83
Fax: 0681/501-34 16
E-Mail: r.hilpert@arbeit.saarland.de oder
d.doerr@arbeit.saarland.de
Internet: www.landesjugendamt.saarland.de

**Sächsisches Staatsministerium für Soziales**
**und Verbraucherschutz – Landesjugendamt**
SG4: Familienbildung, Hilfen zur Erziehung,
Zentrale Adoptionsstelle
Parkstraße 28, 09120 Chemnitz
Tel: 0371/24 081-184
Fax: 0351/45 10 054-941
E-Mail: zentrale.adoptionsstelle@slfs.sms.sachsen.de
Internet: www.slfs.sachsen.de/lja/adoption/193.htm

**Landesverwaltungsamt**
Landesjugendamt – Referat 602
Zentrale Adoptionsstelle
Ernst-Kamieth-Straße 2, 06112 Halle
Tel: 0345/514-0
Fax: 0345/514-17 19
E-Mail: zas@lvwa.sachsen-anhalt.de
Internet: www.sachsen-anhalt.de

**Thüringer Ministerium für Soziales, Familie und Gesundheit**
Referat 35
Landesjugendamt – Zentrale Adoptionsstelle Thüringen
Werner-Seelenbinder-Straße 6, 99096 Erfurt
Postfach 90 03 54, 99106 Erfurt
Tel: 0361/37 98-375
Fax: 0361/37 98-830
E-Mail: brita.fuchs@tmsfg.thueringen.de
Internet: www.thueringen.de/de/tmsfg/familie/landesjugendamt

*Adoptionsvermittlungsstellen der freien Träger*

**Gemeinsamer Adoptions- und Pflegekinderdienst**
Caritasverband für das Erzbistum Berlin e. V. und
Diakonisches Werk Berlin-Brandenburg-schlesische
Oberlausitz e. V.
Pfalzburger Straße 18, 10719 Berlin
Tel: 030/86 009-222
Fax: 030/86 009-290
E-Mail: adoption@caritas-berlin.de
Internet: www.adoption-pflege.de

**Katholische Jugendfürsorge, Landesverband Bayern e. V.**
Schaezlerstr. 34, 86152 Augsburg
Tel: 0821/31 00-166
Fax: 0821/31 00-183
E-Mail: info@kjf-bayern.de
Internet: www.bbw-abensberg.de/kjfverband

**Sozialdienst katholischer Frauen (SkF) e. V.**
Ortsverein Nürnberg-Fürth
Leyher Straße 31–33, 90431 Nürnberg
Tel: 0911/31 078-0
Fax: 0911/31 078-20
E-Mail: info@skf-nuernberg.de
Internet: www.skf-nuernberg.de

**Caritasverband für das Erzbistum Berlin e. V.**
Residenzstr. 90, 13409 Berlin
Tel: 030/66 633-0
Internet: www.dicvberlin.caritas.de

**Diakonisches Werk Berlin-Brandenburg-schlesische Oberlausitz e. V.**
Paulsenstr. 55–56, 12163 Berlin
Tel: 030/82 097-0
Internet: www.diakonie-portal.de

**Familien für Kinder gGmbH**
Stresemannstraße 78, 10963 Berlin
Tel: 030/21 00 21-0
Fax: 030/21 00 21-24
E-Mail: info@familien-fuer-kinder.de
Internet: www.familien-fuer-kinder.de

**Kinderhaus Sonnenblume e. V.**
Lessingstraße 21, 16321 Bernau
Tel: 03338/75 94 02
Fax: 03338/70 34 96
E-Mail: kontakt@kinderhaus-sonnenblume.de
Internet: www.kinderhaus-sonnenblume.de/

## Pflegeeltern gesucht!

**AktivVerbund Berlin e. V.**
Pichelsdorfer Straße 33, 13595 Berlin
Tel: 030/61 74 37 13
Fax: 030/36 99 13 83
E-Mail: info@aktivverbund.de
Internet: www.aktivverbund.de

**Berliner Pflegeeltern e. V.**
Argentinische Allee 239, 14169 Berlin
Tel: 030/84 78 80 11
E-Mail: info@berliner-pflegeeltern.de
Internet: www.berliner-pflegeeltern.info

**Hamburger Zentrale Pflegestellenvermittlung**
beim Bezirksamt Altona
Platz der Republik 1, 22758 Hamburg
Tel: 040/42 81 13 647

**PFIFF gGmbH**
Pflegekinder und ihre Familien. Fortbildung,
Information, Öffentlichkeitsarbeit
Brauhausstieg 15–17, 22041 Hamburg
Tel: 040/41 09 84-60
Fax: 040/41 09 84-89
E-Mail: pfiff@pfiff-hamburg.de
Internet: www.pfiff-hamburg.de

**Freunde der Kinder e. V.**
Landesverband für Pflege- und Adoptivfamilien Hamburg
Fuhlsbüttlerstraße 769, 22337 Hamburg
Tel: 040/59 49 00
Fax: 040/59 82 87
E-Mail: info@freunde-der-kinder.de
Internet: www.freunde-der-kinder.de

**Pflegeelterninitiative Stadt & Land Osnabrück e. V.**
Postfach 3427, 49024 Osnabrück
Michael Unger
Tel: 05435/27 69
E-Mail: info@pflegeelterninitiative-osnabrueck.de
Internet: www.pflegeelterninitiative-osnabrueck.de

**Landesverband für Pflege- und Adoptiveltern
in Sachsen-Anhalt e. V.**
Jutta Volkhammer
Krugstraße 15, 39167 Klein Rodensleben
Tel: 039204/64 105
E-Mail: lv.pflege-u.adop.sachsen-anh@t-online.de

**Altmarkkreis Salzwedel – Altmärker Pflegeverein**
Kerstin Hecktor
Magdeburger Straße 49, 39638 Letzlingen
Tel: 039088/500

**Pflegeelternverein Kerstin Blume**
Im Eichengrund 7, 29410 Salzwedel, OT Brietz
Tel: 03901/32 013

**Verein für Pflege- und Adoptiveltern Landkreis ASL-SFT e. V.**
Christa Schumann
Am Hein 252, 06449 Giersleben
Tel: 034746/61 472

**Verein der Pflege- und Adoptiveltern des
Landkreises Anhalt- Zerbst**
Bernd Hoffmann
Feldweg 43, 06869 Coswig
Tel: 03490/36 57 02

Zu Hause e. V., Verein für Pflege- und Adoptivkinder
im Landkreis Bernburg
Herr Stragies
Kustrenaer Straße 2a, 06406 Bernburg
Tel: 03471/62 11 81

Verein der Pflege- und Adoptiveltern des LK Halberstadt
Ines Klein
Werner-Seelenbinder-Straße 17, 38820 Halberstadt
Tel: 03941/60 94 43

Pflegeverein Ich bin Für Dich da
Anne Böttger
Gutsweg 14, 06193 Gutenberg
Tel: 034606/37 017

»Lasst uns nicht allein« e. V.
Verband für Pflege- und Adoptiveltern im Jerichoer Land
Herr Lange
Königsborner Straße 17a, 39175 Heyrothsberge
Tel: 039292/65 785

PFAD für Kinder, Schützende Hände für
Pflege- und Adoptivfamilien Magdeburg e. V.
Karin Blume
Grüne Gasse 2d, 39130 Magdeburg
Tel: 0391/72 70 371

**Verein der Pflege- und Adoptiveltern im Mansfelder Land e. V.**
Frau Krzebek
Siedlung Neues Leben 7, 06347 Adendorf
Tel: 034783/29 463

**»Kinder unterm Regenbogen« Pflegefamilienverein Merseburg**
Frau Quirin
Nulandtstraße 2, 06217 Merseburg
Tel: 03461/20 12 56

**Verein der Pflege- und Adoptiveltern**
Andreas von Heine
Zur Wilke 1, 39326 Samswegen
Tel: 039202/66 702
Internet: www.pflegekinderverein.de

**Pflegeelternverein Quedlinburg**
Steffi Schmidt
Bossestraße 1, 06484 Quedlinburg
Tel: 03946/52 43 27

**Verein für Pflege- und Adoptiveltern**
Moskauer Straße 16, 39218 Schönebeck
Tel: 03928/84 64 87

**Pflegeverein Weißenfels**
Frau Mathie
Im Grund 11, 06667 Gröbitz
Tel: 034445/21 255

**Pflegeelternverein – Verein der Pflege- und Adoptiveltern**
Erhard Schlüter
Dorfstraße 18, 06918 Naundorf
Tel: 035387/42 308

**IKAP – Initiative Kölner Adoptiv- und Pflegeeltern e. V.**
Kinder- und Jugendpsychiatrie
Robert-Koch-Straße 10, 50931 Köln Lindenthal
Margarete Schmal
Tel: 0221/59 02 573
E-Mail: ikap-ev@web.de
Internet: www.ikap-ev.de

**PFAD FÜR KINDER – Verein der Pflege- und Adoptiv-
familien in den Landkreisen Altötting und Mühldorf e. V.**
Heidi Harrer
Kirchstraße 12, 84513 Töging
Tel: 08631/99 40 3
E-Mail: heidiharrer@t-online.de
Internet: www.pfad-bayern.de

**Kinder brauchen eine Familie – Verein der Pflege-
und Adoptiveltern in Ansbach und Umgebung e. V.**
Ulla Eff
Nelkenweg 1, 91572 Bechhofen/Großenried
Tel: 09822/12 33
Fax: 09822/60 93 41
E-Mail: irene.moeller-maerz@t-online.de
Internet: www.pfad-bayern.de

**PFAD FÜR KINDER** – Verein der Pflege- und Adoptivfamilien in Regensburg und Umgebung e. V.
Gabriele Lingl
Frauenzellstraße 32, 93057 Regensburg
Tel: 0941/65 638
E-Mail: lingl.hug@t-online.de
Internet: www.pfad-bayern.de

## Für Frauen in Not

**Caritasverband für das Erzbistum Berlin e. V.**
Residenzstraße 90, 13409 Berlin
Tel: 030/66 633-0
Fax: 030/66 633-10 29
Internet: www.dicvberlin.caritas.de

**Diakonisches Werk Berlin-Brandenburg-schlesische Oberlausitz e. V.**
Paulsenstraße 55–56, 12163 Berlin
Tel: 030/82 097-0
Fax: 030/82 097-105
E-Mail: diakonie@dwbo.de
Internet: www.diakonie-portal.de

**Familien für Kinder gGmbH**
Stresemannstraße 78, 10963 Berlin
Tel: 030/21 00 21-0
Fax: 030/21 00 21-24
E-Mail: info@familien-fuer-kinder.de
Internet: www.familien-fuer-kinder.de

**Findefux**
Beratungsstelle für Mütter in Not
Tel: 0800/34 63 33 89
Internet: www.findefux.org

**Kinderhaus Sonnenblume e. V.**
Lessingstraße 21, 16321 Bernau
Tel: 03338/75 94 02
E-Mail: kontakt@kinderhaus-sonnenblume.de
Internet: www.kinderhaus-sonnenblume.de

## Auslandsadoptionen

**Bundeszentralstelle für Auslandsadoption**
Adenauer Allee 99–103, 53113 Bonn
Postanschrift: 53094 Bonn
Tel: 0228/99 410-54 14
Fax: 0228/99 410-54 02
E-Mail: auslandsadoption@bfj.bund.de
Internet: www.bundesjustizamt.de

## AdA (Asesoria de Adopciones) – Adoptionsberatung
Kapuzinerstraße 25, 80337 München
Tel: 089/26 94 97 61
Fax: 089/26 94 97 59
E-Mail: muenchen@ada-adoption.de
Internet: www.ada-adoption.de
Länder: Brasilien, Chile, Honduras, Kolumbien, Tschechien, Vietnam

## AdA (Asesoria de Adopciones) – Adoptionsberatung
Berliner Straße 31–35, 65760 Eschborn
Tel: 06196/77 69 30
Fax: 06196/77 69 31
E-Mail: eschborn@ada-adoption.de
Internet: www.ada-adoption.de
Länder: Chile, Honduras, Kolumbien, Tschechien, Vietnam

## Children and Parents e. V.
Alt-Haarener Straße 147, 52080 Aachen
Tel: 0241/16 91 439
Fax: 0241/16 91 031
E-Mail: cap-msc@onlinehome.de
Internet: www.children-and-parents.de
Länder: Bulgarien, Ukraine

**Diakonisches Werk im Rhein-Neckar-Kreis**
Friedrich-Ebert-Anlage 9, 69117 Heidelberg
Tel: 06221/97 200
Fax: 06221/97 20 20
E-Mail: heidelberg@dw-rn.de
Internet: www.dw-rn.de
Länder: Bulgarien, Lettland, Nepal, Polen, Russische Föderation, Taiwan, Thailand, Tschechien

**Eltern-Kind-Brücke e. V.**
Bonhoeffer Straße 17, 69123 Heidelberg
Tel: 06221/83 31 48
Fax: 06221/83 31 38
E-Mail: info@ekb-pcb.de
Internet: www.ekb-pcb.de
Länder: Tschechien

**Eltern für Afrika e. V.**
Froelichstraße 10 1/2, 86150 Augsburg
Tel: 0821/51 99 66
Fax: 0821/15 74 94
E-Mail: info@elternfuerafrika.de
Internet: www.elternfuerafrika.de
Länder: Äthiopien, Kenia, Mali

## Eltern für Kinder e. V.

Fritschestraße 60, 10627 Berlin

Tel: 030/46 50 75 71

Fax: 030/46 14 520

E-Mail: info@efk-adoption.de

Internet: www.auslandsadoptionen.de

Länder: Haiti, Peru, Sri Lanka, Thailand, Mongolei

## Evangelischer Verein für Adoptions- und Pflegekindervermittlung Rheinland e. V.

Einbrunger Straße 66, 40489 Düsseldorf

Tel: 0211/40 87 950

Fax: 0211/40 87 95 26

E-Mail: evap@ekir.de

Internet: www.ekir.de/adoption

Länder: Äthiopien, Kenia, Südafrika

## fif – familie international frankfurt e. V.

Monisstraße 4, 60320 Frankfurt am Main

Tel: 069/95 63 64 31

Fax: 069/95 63 64 33

E-Mail: kontakt@fif-ev.de

Internet: www.fif-ev.de

Länder: Hongkong, Philippinen, Slowakei, Slowenien,
Südafrika, Thailand, Tschechien, Türkei,
Bosnien und Herzegowina, Indonesien, Kasachstan, Kroatien,
Mazedonien, Serbien und Montenegro

**Global Adoption Germany – Help for Kids e. V. –**
Markt 14, 65375 Oestrich-Winkel
Tel: 0700/23 02 30 20
Fax: 06723/60 14 58
E-Mail: info@adoptionen.org
Internet: www.auslandsadoption.de
Russische Föderation, Ukraine, Bulgarien, Ungarn

**Help a child e. V.**
Hauptstraße 46, 56220 Kaltenengers
Tel: 02630/95 66 59
Fax: 02630/95 66 32
E-Mail: info@helpachild.de
Internet: www.helpachild.de
Länder: Burkina Faso, Haiti, Kenia, Mali

**Sozialdienst katholischer Frauen – Gesamtverein e. V.**
Agnes-Neuhaus-Straße 5, 44135 Dortmund
Tel: 0231/55 70 26-0
Fax: 0231/55 70 26-60
E-Mail: info@skf-zentrale.de
Internet: www.skf-zentrale.de
Länder: Bolivien, Costa Rica, Litauen

## Zentrum für Adoptionen e. V.

Sophienstraße 12, 76530 Baden-Baden
Tel: 07221/94 92 06
Fax: 07221/94 92 08
E-Mail: zentadopt@zentadopt.de
Internet: www.zentadopt.de
Länder: Russische Föderation, Kasachstan

## Zukunft für Kinder e. V.

Benzstraße 6, 68794 Oberhausen-Rheinhausen
Tel: 07254/77 68-0
Fax: 07254/77 68-15
E-Mail: info@zukunftfuerkinder.de
Internet: www.zukunftfuerkinder.de
Länder: Bulgarien, Kasachstan, Russische Föderation

# Register